살아갈 날들을 위한   공부

살아갈 날들을 위한　　　공부

아직 늦지 않았을 오십에게 천년의 철학자들이 전하는 고전 수업

김범준 지음

빅피시
BIG FISH

거인의 어깨에 서서 살아갈 날들을
마주하려는 당신에게

아이작 뉴턴은 1687년 발간된 《자연철학의 수학적 원리》에서 만유인력을 제시하는 등 과학사에서 가장 영향력 있는 인물 중 한 명으로 꼽힙니다. 그는 2005년 영국왕립학회 회원들을 대상으로 "뉴턴과 아인슈타인 중에서 과학사에 더 큰 영향을 끼치고, 인류를 위해 더 큰 공로를 세운 사람이 누구인가?"를 묻는 설문 조사에서 두 항목 모두에 우세를 보일 정도로 과학자들에게 영향력이 있기도 하죠.

그런 그가 자신의 성공 비결을 묻는 사람들에게 했던 말은 이랬답니다.

"내가 더 넓은 세상을 바라볼 수 있었다면 그건 거인(巨人)의 어깨에 올라섰기 때문일 것이다(If I have seen further it is by standing on the shoulders of Giants)."

앞으로 살아갈 날들을 위해 밤잠을 설치면서 고민하는 우리 자신을 향해 물어볼 차례입니다.

'나는 지금 누구의 어깨에 올라서서 세상을 바라보고 있는 것일까?'

순자, 맹자, 공자, 묵자 그리고 노자…. 앞으로의 인생을 위해 동양철학의 슈퍼스타인 5인의 어깨에 올라서 보는 건 어떨까요. 과거라면 무릎을 꿇고 가르쳐 달라고 해야 했을 겁니다. 그렇다고 가르침을 받을 수 있을지도 모르고요. 하지만 우리는 이제 책을 통해 그들의 어깨에 서 보려고 합니다. 우리가 하고 싶은 바를 이루도록 도와줄 만한 거인 5명의 지식과 지혜, 말과 태도를 간접적으로 경험하는 것이죠.

이 책의 사용법을 간단히 말씀드리려 합니다. 우선 책의 목차를 펼쳐 보세요. 마음에 드는 부분, 읽고 싶은 부분이 있다면 우선 그곳부터 읽으세요. 예를 들어, 순자의 이야기를 먼저 읽고 싶다면 거기서부터 시작하세요. 다 읽은 후에는 원문, 즉 《순자》 원서를 찾아 읽어 보세요. 이 책의 내용과 비교하며, 고개를 끄덕이든지 고개를 갸우뚱해 보세요.

잘하셨습니다. 눈치채셨는지 모르겠으나 저자로서 이 책을 읽으신 분들을 향한 개인적인 소망이 있는데, 그것은 이 책을 읽은 당신이 《순자》, 《맹자》, 《논어》, 《묵자》, 《도덕경》 등 다섯 권의 책을 구매한 후 가까운 곳에 두고 앞날이 불안하고 막연할 때, 좋은 일 혹은 슬픈 일이 생겼을 때 슬쩍 꺼내어 다시 읽으셨으면 하는 겁니다. 그렇게만 된다면 저자로서 큰 행복감을 느낄 것 같습니다.

생각해 보면 거인은 멀리 있지 않았습니다. 서점에도 있었고, 우리집 책장에도 이미 있었습니다. 이 책은 우리 곁에 있었던 그 거인을 향해 무작정 돌진하기보다 도대체 거인이 어떻게 생겼고, 어떤 말을 했으며, 어떤 행동을 했는가 관찰하고자 합니다. 그들이 자상하게, 때로는 엄격하게 알려준 이야기들을 토대로 세상을 살아가기 위한 공부를 해 보려고 합니다.

거인의 어깨에 서기를 바랍니다. 그리고 언젠가는 누군가가 당신의 어깨에 서려고 하는 모습을 발견하기를 기원합니다. 살아온 날들을 되돌아보고, 살아갈 날들을 기대하면서 한 걸음 더 나아가는 당신이 되기를 기대합니다.

당신이 누군가의 거인이 되기를 바라면서
김범준

나이가 들수록 배워야 하는 이유   —— 순자

돈과 명예로는 절반도 해결할 수 없다   —— 맹자

1
장

2
장

세상 보는 눈이 달라지는 공부는 따로 있다 —— 공자

어제보다 나은 인생을 위해 반드시 알아야 할 것 —— 묵자

비우고 내려놓을 때 비로소 채울 수 있다 —— 노자

나이가 들수록 배워야 하는 이유 —— 순자

순자
荀子

순자(기원전 298년?~기원전 238년?)는 중국 전국 시대 말기의 사상가로서, 이름은 순황(荀況)입니다. 순자는 제나라에서 벼슬을 했으나, 모함을 받고 물러난 후 초나라로 가서 여생을 보내게 되는데 초나라 재상 춘신군에게 발탁되어 난릉현감으로 임명됩니다. 하지만 자신을 발탁한 춘신군이 살해당하면서 파직되고 이후에는 제자 양성과 저술에 전념하며 여생을 마칩니다.

순자는 사람의 본성은 착하다는 맹자의 '성선설'에 반대하여, 악한 본성을 '예(禮)'를 통해 변화시켜 선하게 만들어야 한다는 '성악설(性惡說)'을 주장합니다. 즉, 사람의 본성은 악하여 날 때부터 이익을 구하고 서로 질투하고 미워하기 때문에, 그대로 놔두면 싸움이 그치지 않으므로 이것을 고치기 위해서는 예의를 배우고 정신을 수련해야만 한다는 것입니다.

인간이 오로지 본성에 따른다면 세상은 이기심과 이기심의 충돌로 인하여 투쟁만이 가득할 겁니다. 실제로 순자가 살았던 전국 시대는 그 투쟁이 극에 달한, 인간 본성이 그대로 나타난 결과물이었을 겁니다. 이에 순자는 사람의 악한 본성에 의지하는 것은 무모하므로, 이를 옳은 방향으로 전환할 수 있는 인간의 의지가 필요함을 역설합니다.

잘 보고, 잘 들었더니
원하는 내가 되었다

●

학문은 하지 않을 수가 없는 것이다

學不可以己
학불가이이

높은 산에 오르지 않으면 하늘이 얼마나 높은지 모르고, 깊은 계곡을 내려다보지 않으면 땅이 얼마나 두터운지를 모릅니다. 선왕이 남긴 교훈의 말씀을 듣지 않으면 학문의 위대함을 알 수 없습니다.

不登高山(부등고산) 不知天之高也(부지천지고야) 不臨深谿

(불림심계) 不知地之厚也(부지지지후야) 不聞先王之遺言

(부문선왕지유언) 不知學問之大也(부지학문지대야)

—《순자》,〈권학(勸學)〉중에서

　　순자는 인간의 본성이 악하다는 성악설로 널리 알려졌습니다. '사람이 원래 악한 존재라고?' 성악(性惡)이라는 단어에서 풍기는 뉘앙스 그 자체 때문에 순자에 대한 일반적인 시선은 곱지 않습니다. 하지만 중국 한 시대를 풍미한 위대한 철학자의 생각 구조가 그리 얕을 리가 없습니다. '사람의 본성은 악함' 즉, 성악을 보는 순자의 시선에 대해 먼저 오해를 풀어야 하겠습니다.

　　순자의 성악설을 요약한다면 다음과 같습니다.

　　"사람의 본성은 악한 것이니 그것을 두고 선하다고 하는 것은 거짓이다. 인간의 본성은 배고프면 먹으려고 하고, 힘들면 쉬려고 하고, 추우면 따뜻해지려고 하는 것이므로 배고파도 가족과 나누어 먹고, 힘들어도 꾹 참고 일하는 등의 행위는 인위적인 결과이지 자연적인 본성이 아니다. 사람은 나면서부터 질투하고 미워하게 되어 있다. 이를 따르기 때문에 남을 해치고 상하게 하는 일이 생기며 믿음이 없어진다. 사람은 나면서부터 귀와 눈 그리고 욕망이 있어 아름다운 소리와 빛깔만을 좋아하는데, 이것을 지나치게 따르기에 혼란이 생기고 예의가 없어진다. 그리고 다툼이 일어난다."

인간의 본성은, 순자에 따르면 바람직한 것은 아닙니다. 하지만 그렇다고 해서 '인간은 원래 악한 존재이니 포기하자'라는 것이 순자의 결론은 아닙니다. 성악설의 방점은 '원래'보다 '교화'에 있습니다. '이익을 좋아하고, 질투하고, 쓸데없는 욕망으로 가득한 존재인 인간이니만큼 더 겸손함을 배우고, 남을 배려하며, 예의를 지키자'라는 게 순자의 주장입니다.

학창 시절에 얼핏 배운 순자의 성악설에서 느낀 거리감을 극복해야 합니다. 그리고 순자가 어떤 이야기를 했는지 귀를 기울여 보고 그의 생각 속에서 지금, 여기를 살아가는 우리의 삶에 있어서 배움의 기준으로 삼아야 합니다. 그래야 한때 중국의 사상계를 호령하던 위대한 사상가의 생각을, 우리의 일상을 바로잡는 도구로 활용할 수 있으니까요.

거인의 어깨에 서서 세상을 바라보다

순자는 그의 성악설만큼이나 공자의 사상을 현실적이고 객관적인 입장에서 재정립한 것으로 유명합니다. 다만 순자는 공자의 내면적 정신주의를 계승한 맹자와 달리 그 시대의 어지러운 정치와 그 밑에서 허덕이는 백성들의 고통을 통감하고 이를 바로잡기 위해 사회 조직과 예의를 강조하고 법, 제도, 형벌의 적절한 사용을 주장했다는 점에서 특이점이 있습니다.

순자는 학문적으로도 제자백가(춘추 전국 시대의 여러 학파)의 사상을 비판적으로 수용하면서 중국 고대 사상을 집대성했는데, 유가 경전 연구와 전승뿐 아니라 법가(法家) 등 다른 학파의 사상적 발전에도 큰 영향을 미치게 됩니다. 그 과정에서 순자가 이루어 낸 공부의 결실은 살아갈 날들을 위해 공부하고자 하는 우리에게 하나의 기준을 줄 수 있다는 점에서 흥미가 생깁니다.

대학 입시만 끝나면 세상 모든 공부가 끝나는 줄 알았던 시기가 우리에겐 분명히 있었습니다. 그리고 사실 그렇게 살았습니다. 취업에 관한 책들 이외에 어쩔 수 없이 읽어야 했던 직장에서의 매뉴얼… 그 밖의 책과는 떨어져 살아온 지 오래입니다. 하지만 대학 입시를 끝낸 바로 그 순간부터, 취업에 성공한 그 시점부터 진짜 공부가 시작된다는 걸 우리는 이제 압니다.

석, 박사 연구자들이라면 누구나 한 번은 접속해 봤을 사이트가 있습니다. 'Google 학술 검색' 페이지가 그곳입니다. 이 웹사이트에 접속하면 초기 화면에 단 하나의 문장이 연구자들에게 화두를 던집니다. 영국 과학자이자 왕립 조폐국장을 지낸 뉴턴이 했던 말이 그것입니다.

"거인의 어깨에 올라서서 더 넓은 세상을 바라보라."

맞습니다. 프롤로그에서 언급한 바로 그 명언입니다.

연구자에게 거인은 누구일까요. 연구자가 가려는 길을 먼저 간 사람들입니다. 만약 거인의 어깨에 오른다면 분명 지금의 자리보다 더 높이, 멀리 세상을 내다볼 수 있습니다. 연구자가 겪어야 할 무수한 고민과 시행착오를 미리 겪고 또 극복한 누군가, 즉 '거인'에 의지하면서 지루하고 어려운 연구의 길을 포기하지 않고 묵묵히 자신만의 길을 찾아 닦는 모습은 아름다울 것입니다.

참고로 '거인의 어깨에 올라서서'라는 말의 원문은 'STANDING ON THE SHOULDERS OF GIANTS'인데, 영국 2파운드짜리 동전 테두리에 새겨졌답니다. 이 말을 자주 했던 뉴턴은 자신의 과학적 발견을 칭찬받을 때마다 "내가 남보다 더 잘 보고 더 멀리 봤다면 거인의 어깨에 올라설 수 있었던 덕분"이라고 했다는군요. 천재의 성취에는 배움에 대한 겸손이 있었습니다.

시대를 주도하던 거인들의 자취를 따라가다 보면 나아갈 길이 보이는 것은 동서고금 마찬가지 아닐까요. 우리의 선조인 퇴계 이황의 깨달음이 담긴 시조 역시 마찬가지입니다.

　　　고인(古人)도 날 못 보고 나도 고인 못 봬
　　　고인을 못 봬고 녀던 길 앞에 있네
　　　녀던 길 앞에 있거든 아니 녀고 어떨꼬

'옛 성현들도 나를 못 보았고 나도 옛 성현들을 직접 뵈지는 못하였으나, 그들이 행하던 도리, 즉 학문은 내 앞에 남아서 전하고 있지 않느냐. 그 훌륭한 길이 이렇게 있으니, 그 길을 나도 닦지 않으면 안 된다. 나도 옛 성현들이 가던 길을 배우도록 하겠다'라는 뜻입니다. 길을 가르쳐 준다는 점에서 구글 학술 검색 페이지의 첫 화면에 등장하는 '거인'과 퇴계 이황의 '고인'은 같은 존재입니다.

이제 우리 자신에게 스스로 물어볼 차례입니다.

'나에게는 거인이 있을까?'

'나의 고인은 누구일까?'

오른 후에는 내려다보라

순자 역시 우리를 향해 어딘가에 오르라고 합니다. 오른 후에는 내려다보라고까지 합니다. 그렇다면 중요한 것은 그렇게 오른 후에 무엇을 해야 할까에 관한 것입니다. 순자의 답은 이러합니다.

> 높은 산에 오르지 않으면
> 하늘이 얼마나 높은지 모르고
> 깊은 계곡을 내려다보지 않으면
> 땅이 얼마나 두터운지를 모릅니다.

> 不登高山(부등고산) 不知天之高也(부지천지고야)
> 不臨深谿(불림심계) 不知地之厚也(부지지지후야)

높은 산과 깊은 계곡은 어디인가요? 높은 산이 어디에 있는지, 깊은 계곡이 도대체 어디인지를 모른다면 안타깝게도 멀리 그리고 깊이 바라보기란 어려울 겁니다. 살아갈 날들을 의연하게 대처하고자 한다면 넉넉하고 편안하게 바라보아야 하는데 이를 위해 어디에 있어야 할지, 어디를 봐야 할지 모른다면 앞으로 우리에게 다가올 시간은 비극일 뿐입니다.

그러면 어떻게 해야 할까요. 순자가 힌트를 줍니다. 주변에 있는 것들에 시선을 주고, 또 잘 들어야 한다는 것이 그것입니다. 바라보고 경청할 때 우리는 비로소 높은 산에 제대로 오른 셈이 됩니다.

선왕이 남긴 교훈의 말씀을 듣지 않으면
학문의 위대함을 알 수 없습니다.

不聞先王之遺言(부문선왕지유언) 不知學問之大也(부지학문지대야)

세상을 알고, 미래의 불확실성을 이겨 내기 위해 배우고자 한다면 우선 자신의 태도를 점검해야 할 텐데 그중에서도 으뜸은 '잘 듣는 것'임을 순자는 강조합니다. 듣는다는 것은 인생에 있어 필요한 가르침을 배우는 전제가 되는 것이죠. 학문의 위대함을 발견하기 이전에 우리가 미리 준비해야 할 것은 '들을 줄 아는 태도'입니다.

듣는다는 것은 일종의 간접 학습입니다. 인류 공동체 전체의 방대한 경험을 듣는 것은 "세 사람이 길을 가면 그중에 반드시 나의 스승이 있다"라는 공자의 말처럼, 우리 주변 사람들 그 누구로부터 배우려는 마음가짐일 것입니다. 그 어떤 것을 바라보더라도 경청하고 또 배우려는 자세, 여기에서 공부는 시작됩니다.

잘 들어야 합니다. 자기 경험과 지혜의 한계를 겸손히 인정하고, 타인으로부터 배우는 것이 필요하다고 절실하게 느끼는 것, 이것이 순자가 말하려 했던 배움의 시작이었습니다. 배움을 통한 계속적 성장을 가로막는 가장 큰 걸림돌은 배우지 않으려는 마음, 경청하지 않으려는 완고하고 오만한 태도라는 것을 알아야 합니다.

변화의 실패, 즉 학습 실패의 원인은 곧 생각 없음에서 비롯됩니다. 특히 오만, 즉 경청하지 않으려는 마음에서 비롯됩니다. 살아갈 날들을 위해 공부를 하려면, 생각 없는 사람이 되기를 원하지 않는다면, 내가 원하는 모습으로 살아가고자 한다면, 완고하고 오만한 마음을 조금이라도 내려놓는 게 먼저 아닐까요.

편하게 살고 싶다면
반드시 기억해야 할 여섯 글자

화를 입지 않는 것보다 더 큰 복은 없다

福莫長於無禍
복막장어무화

도(道)로 교화시키는 것보다 더 크게 신나는 것은 없고,

화를 입지 않는 것보다 더 큰 복은 없습니다.

神莫大於化道(신막대어화도) 福莫長於無禍(복막장어무화)

—《순자》,〈권학〉중에서

순자는 배움을 권합니다. 사람은 교육을 받아야만 좋지 못한 본성에서 벗어날 수 있다고 강조하며, 특히 예(禮)에 관심이 큽니다. 예를 들어 왕이라면 먼저 예로써 나라를 다스려야 함을 주장하는데, 이때의 예란 한 국가의 질서 그 자체와도 같기 때문입니다.

◈◈◈

나를 지킨다는 것은 변화한다는 것

물론 통치에서의 예만큼이나 우리의 일상에서의 예도 중요합니다. 순자의 이야기를 들어 보겠습니다.

> 간, 월, 이, 맥 같은 이(異)민족 아이들도 태어날 때는 우리 아이들과 같은 고고지성(呱呱之聲)을 내지만 자라면서 풍속이 달라지는 것은 (서로 다른) 교육이 그렇게 만드는 것입니다.

> 干越夷貉之子(간월이맥지자) 生而同聲(생이동성) 長而異俗(장이리속) 敎使之然也(교사지연야)

'간월이맥'은 중국의 시선에서 바라봤을 때 변방의 작은 나라를 일컫습니다. 이곳에서 태어나는 아이들은 모두 태어날 때 같은 소리를 냅니다. '응애'라고 하지 않을까요. 같은 소리를 내며 태어나는 아이를 두고 순자의 통찰이 시작됩니다. 그리고 그 고민에 대한 결론은 다음과 같았습니다.

'그 아이들도 모두 같은 사람들이다. 같은 소리를 내면서 태어나지 않았는가. 하지만 결국 그들은 모두 달라지고 그들에 의해 그곳의 풍습도 달라지는데, 그 이유는 오로지 교육 때문이다.'

아이들은 태어났을 때 다 그렇고 그런 아이들이라는 게 순자의 생각입니다. 아니, 어쩌면 좋은 면보다 나쁜 면을 더 지닌, 일종의 '욕망 덩어리'일 뿐인 거죠. 그 아이들이 성장 과정에서 무엇을 보고 배우느냐에 따라 인격의 차이가 생깁니다. 인격의 차이가 모여 사회의 특성을 이루게 되는 것이고요.

자녀들에 관한 이야기를 해 볼까요. 아이들은 어립니다. 어리기에 잘 모르고, 잘 모르기에 실수합니다. 이때 부모의 모습은 어떠합니까. 천차만별입니다. 타이르기도 하고, 또 실수에 공감하면서 괜찮다고 말해 주기도 합니다. 최근의 부모들은 자녀와의 수직적 관계보다 친구 같은 엄마, 친구 같은 아빠를 원하기에 웬만하면 '좋은 게 좋다' 라고 넘어가기도 합니다.

하지만 순자가 이 모습을 봤다면 다른 의견을 내놓았을 것 같습니다. 이렇게 말입니다.

"당신은 지금 자녀의 인생을 걸고 도박을 하는 겁니다. '자녀를 믿는 도박'이 바로 그것이죠. 부모로서 자녀를 향한 최대의 어리석음은 그 자녀를 있는 그대로 믿는 것입니다.

믿었기에 내버려 두는 무책임한 짓을 당장 그만두십시오.

사랑한다면? 믿지 마세요! 믿지 말고, 교육하세요!"

순자가 굳이 간월이맥이라는 중국의 변방 국가들 아이를 사례로 든 이유가 있을 겁니다. 부모라면 이왕이면 자녀가 세상의 중심에 서기를 바랄 겁니다. 하지만 교육을 하지 않는다면? 변방에서 머무르는 삶에 그치고 말 것입니다. 순자는 묻습니다. '그렇게 당신의 아이들을 놔둘 겁니까?' 아이들의 본질을 무작정 흔들자는 게 아닙니다. 본질은 두되 변할 것은 변해야 한다는 뜻입니다.

여기에서 우리는 교훈을 하나 얻습니다. 배우지 못해서 사그라지는 나 자신, 본성 그대로 살아가는 우리의 모습을 어떻게 해야 할 것인지에 관한 겁니다. 성인으로서 우리는 수많은 경험치를 갖고 있습니다. 이 경험치를 그냥 두는 대신 더 나은 사람으로 성장하기 위해 지식, 태도 그리고 행동을 발전적으로 변화시켜야 한다는 것이 순자의 생각입니다.

∞

화를 입지 않기 위해 배운다

궁금해집니다. 그렇게 배워서 무엇을 얻을 수 있을까요. 순자가 그토록 우리에게 배움을 권한 이유가 무엇일까요. 이제 그 이유를 찾아볼 차례입니다.

> 당신의 지위를 삼가 잘 다스리고
> 바르고 곧은 것(正直)을 좋아하십시오.
> (그러면) 신께서 들으시고 큰 복을 내리실 겁니다.
> 도로 교화시키는 것보다 더 큰 기쁨은 없고,
> 화를 입지 않는 것보다 큰 복도 없습니다.

靖共爾位(정공이위) 好是正直(호시정직) 神之聽之(신지청
지) 介爾景福(개이경복) 神莫大於化道(신막대어화도) 福莫
長於無禍(복막장어무화)

배움의 결론이 나왔습니다. 한마디로 '화를 입지 않는 것보다 큰
복은 없다'라는 것입니다. 그렇습니다. 순자는 다른 것이 큰 복이 아
니라 화를 입지 않고 평범한 일상을 시켜 내는 것이 세상에서 제일
큰 복이라고 말한 것입니다. 우리가 배움을 통해서 지향해야 할 것,
명쾌하지 않나요.

기쁨을 얻고 싶습니까? 순자에 따르면 교화되어야 합니다. 그것도
도(道)를 통해서 말입니다. 여기까지 들으면 '무슨 뜬구름 잡는 소리
일까?' 하고 의아할 수밖에 없습니다. 하지만 다음의 말 한마디, 즉
그 어렵다는 도에 이른 경지를 측정하는 방법을 알려 주었으니 편안
하기 이를 데 없습니다. 무엇이라고 했나요. 네, '화를 입지 말 것'이
그것입니다.

매년 우리는 설날에 서로 복(福)을 많이 받으라는 인사를 나눕니
다. 그렇다면 무엇이 진정한 복인가요? 이때 순자의 말 한마디, 즉,
'福莫長於無禍(복막장어무화)'를 떠올리면 됩니다. 지금 당장 어떤 고
통 혹은 환란이 없다면 그 자체로 우리는 행복한 시간과 장소에 있

는 것이나 마찬가지입니다. 배움을 통해 지향해야 하는 것은 화를 입지 않는 것임을 기억해 두십시오.

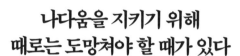

나다움을 지키기 위해
때로는 도망쳐야 할 때가 있다

그러므로 군자는 사는 데 반드시 좋은 곳을 선택해야 한다

故君子居必擇鄉
고군자거필택향

군자는 사는 데 반드시 좋은 곳을 선택해야 하며,

배움에 있어 반드시 어진 선비를 가까이해야만 합니다.

그래야 악해지고 삐뚤어지는 것을 막아

올바름에 가까울 수 있습니다.

故君子居必擇鄉(고군자거필택향) 遊必就士(유필취사) 所以

防邪僻而近中正也(소이방사벽이근중정야)

—《순자》,〈권학〉 중에서

전한(前漢) 말의 학자 유향(劉向)이 지은 《열녀전》에는 누구나 한 번쯤 들어봤을 만한 유명한 이야기가 실려 있답니다. 그 내용을 요약하면 다음과 같습니다.

맹자의 집은 묘지 근처였습니다. 맹자가 어렸을 때, 묘지에서 벌어지는 일을 보면서 놀고 뛰며 또한 물었습니다. 이에 맹자의 어머니는 생각했습니다. '이곳은 자식을 살게 할 곳이 아니다.' 그리하여 시장 근처로 이사합니다. 맹자는 이제 장사꾼 흉내를 내며 놉니다. 맹모가 또 생각합니다. '여기도 자식을 살게 할 곳이 아니다.'

이번엔 집을 학교 근처로 이사합니다. 그러자 맹자는 예의를 갖추는 의식을 따라 하며 놀게 되었습니다. 이에 비로소 맹모가 안도합니다. '참으로 나의 아들을 살게 할 만한 곳이다.'

'맹모삼천지교(孟母三遷之敎)', 유명한 이야기죠? 물론 이 이야기가 《열녀전》이란 책에 수록된 시기는 맹자의 시대보다 몇백 년 후이기에 그 진실성에 대해서는 논란이 있다고 합니다. 세간에 떠돌던 이야기가 훗날 채록된 것에 불과하다는 거죠. 실제로도 맹자는 자신의 학문 경력에 대해 '사숙(私淑, 사적으로 혼자 배웠다)했다'라고 간단히 언급했을 뿐이랍니다.

어쨌거나 맹모삼천지교는 오랜 시간이 훌쩍 지난 지금에도 생각하게 하는 바가 큽니다. 살아보니 알겠습니다. 어디에 사는지가 결국 나 자신을 만들게 될 수밖에 없다는 것을 말이죠. 지리적 위치도 중요하겠습니다만 더 중요한 것은 주변의 사람들을 누구로 채우느냐가 나를 결정한다고 생각합니다.

내가 사는 곳이 내 삶이 된다

사는 장소는 삶에 매우 중요한 역할을 합니다. 사는 지역은 우리가 일하는 곳, 친구들과 가족들과 만나는 곳, 여가활동을 하는 곳 등 모든 삶의 영역에 영향을 미치기 때문입니다. 맹모가 그토록 맹자가 사는 환경에 대해 고민한 이유도 아마 같은 이유 때문일 겁니다. 어떻게 영향을 미칠까요. 몇 가지만 예를 들어 봅니다.

첫째로, 사는 장소는 우리의 일상생활에 큰 영향을 미칩니다. 지역의 교통, 상점, 병원, 학교, 공원 등이 모두 우리의 삶을 좌우하는데, 이러한 시설들이 편리하고 충분한지에 따라 삶의 질이 크게 달라질 수 있습니다.

둘째로, 사는 지역은 우리의 정서적 안정과 행복에도 영향을 미칩니다. 좋은 동네에서 살면 이웃과의 교류가 활발하고, 공원이나 녹지가 많다면 자연환경에서 산책하며 스트레스를 해소하는 것이 쉬워질 것입니다.

셋째로, 사는 장소는 우리의 안전과 보안에도 영향을 미칩니다. 범죄율이 낮고 경찰서가 가깝다면, 더 안전하게 살 수 있습니다.

어떤가요. 우리는 사는 장소를 잘 선택하고 관리하는 것만으로도 삶의 질을 높일 수 있습니다. 물론 자녀를 둔 부모들이 자녀를 위해 이리저리 이사 다니다가 결국 강남 8학군에 어떻게 해서든 자리를 잡아 보려고 무리하게 대출을 끼고 아파트를 매수하는 것 등은 안타까운 일입니다.

하지만 이런 극단적인 경우를 제외한다면 자기가 살아갈 곳이 어디인지를 찾는 건 인생을 살아가면서 늘 고민해야 할 과제입니다. 나를 성장시킬 수 있는 곳을 찾는 것은 자신을 향한 의무입니다. 물론 일반적인 기준은 각자 다를 겁니다. 사람마다 경험이 다르기에 살아야 할 곳 혹은 살고 싶은 곳이 다른 것이 당연합니다.

그런데 이렇게 말하고 나니 뭔가 허전합니다. 그럼 그냥 서울 살라는 말이야? 강남에 입성하라는 말이야? 맹모삼천지교를 단순하게 파악하고 또 적용하겠다고 생각하면 이런 난관에 부딪힐 수밖에 없을 겁니다. 그러나 순자의 이야기에 귀를 기울여 본다면 살아갈 곳이란, 사는 곳이란, '물리적 장소'가 아니라 '인간적 장소'임을 알 수 있습니다.

때로는 참지 않고, 견디지 않는 게 미덕이다

순자의 말입니다.

> 난괴(蘭槐)의 뿌리는 향료인데, 그것을 오줌에 담그면
> 군자는 가까이하지 않고, 일반인도 들고 다니려 하지 않습니다.
> 이는 본바탕이 향기롭지 않아서가 아니라
> 그것을 적신 오줌이 그렇게 만든 것입니다.

> 蘭槐之根是爲芷(난괴지근시위지) 其漸之滫(기점지수) 君子

不近(군자불근) 庶人不服(서인불복) 其質非不美也(기질비
불미야) 所漸者然也(소점자연야)

순자가 말한 '군자가 살기에 좋은 곳'이란 장소적 개념이 아니라
인간적 혹은 관계적 개념이라는 것을 알 수 있습니다. 향료의 재료
가 되는 식물이 있습니다. 난괴라는 것인데 특히 뿌리가 그 향기의
근원인가 봅니다. 하지만 이 뿌리를 오줌에 담가버린다면? 아무도
이를 가까이 두려 하지 않을 것입니다.

난괴 그리고 난괴의 뿌리 그 자체가 나빠서가 아닙니다. 그것을
적신 오줌의 냄새가 좋은 사람들을 내쫓기 때문입니다. 맞습니다. 아
무리 물리적으로 살기에 좋은 장소이면 무엇하겠습니까. 그곳에서
엉망인 인간적 관계로 살아간다면 말 그대로 산골에 들어가 홀로 사
는 것만 못하지 않겠습니까?

나무가 자라서 그늘을 이루면 모든 새가 휴식을 취하고,
식초가 시어지면 날파리가 모여듭니다.

樹成蔭而衆鳥息焉(수성음이중조식언) 醯酸而蜹聚焉(혜산
이예취언)

우리는 자기 자신을 어디에 두고 있나요. 향기를 낼 수 있는 장소에 두고 있나요, 아니면 악취를 내는 곳에 머물러 있나요. 악취가 나는 곳에 자신을 두지 않으려는 노력이 필요합니다. 어떻게 해서든 좋은 향기를 품은 사람이 될 수 있도록, 누군가에게 그늘을 주고, 열매를 주는 나무와 같은 사람이 되도록 자신의 장소를 찾아야 합니다. 쉰 냄새가 나서 파리가 들끓는 사람이 되어선 안 됩니다.

좋은 곳에 살아야 합니다. 좋은 사람이 많은 곳 말입니다. 좋은 사람이 많은 곳을 찾아야 하고, 좋은 사람들이 흔쾌히 다가올 수 있도록 자기 자신이 좋은 사람이 되어야 합니다. 물리적 장소를 선택하는 데 혈안이 되기보다 '인간적 장소'의 선함이 가득한 곳으로 갈 수 있어야 합니다. 물리적 장소란 관계가 완성되는 무형적 장소로 가기 위한 일종의 경유지일 뿐입니다.

이제 순자의 결론을 들어 볼 차례입니다.

군자는 사는 데 반드시 좋은 곳을 선택해야 하며,
배움에 있어 반드시 어진 선비를 가까이 두어야 합니다.
그래야 악해지고 삐뚤어지는 것을 막아
올바름에 가까이 갈 수 있습니다.

故君子居必擇鄉(고군자거필택향) 遊必就士(유필취사) 所以

防邪僻而近中正也(소이방사벽이근중정야)

　군자가 살아야 할 곳은 반드시 좋은 곳이어야만 한답니다. 참고로 군자란 본래 벼슬하는 지배 계급을 가리키는 말이었으나, 후에는 덕이 많은 훌륭한 사람을 가리키는 말로 바뀌었다고 합니다. 그것은 덕이 많은 사람이 세상을 다스려야 한다는, 유가의 덕치주의 사상이 영향을 준 것이기도 하고요(참고로 군자를 영어로는 'Gentleman'이라고 해석하는 경우도 있습니다).

　'올바름'에 가까워지기 위해 배워야 합니다. 좋은 곳에 살아야 하는 이유, 아니 좋은 사람과 함께해야 하는 이유는 결국 나에게 무엇인가 선한 영향력을 행사하는 사람을 어떻게 해서든지 가까이 두기 위함이라는 것입니다. 내가 악해지거나 삐뚤어지는 것을 막아 괜찮은 사람으로 세상에 나아갈 수 있게 말이죠.

　나를 지키고 싶다면 도망치세요. 나쁜 사람이 곁에 있다면, 누군가 당신에게 부정적인 영향을 끼치고 있다면, 주위의 사람이 변할 것 같지 않다면 묵묵히 버티지 말고 도망가야 합니다. 그런 다음 이제 좋은 사람이 있는 좋은 장소를 찾으세요. 그래야 나다움을 지킬 수 있습니다. 지금 당신의 주변에는 어떤 사람이 있습니까.

그의 앞에 서면 모든 것을
내려놓게 되는 사람을 만나라

위로 어진 스승을 좋아하지 아니하면서
어찌 비루한 신세를 면할 수가 있겠는가?

上不能好其人 不免爲陋儒而已
상불능호기인 불면위누유이이

가장 쉽게 배우는 방법은 좋은 스승을 가까이하는 것입니다.

스승이 될 만한 사람을 찾아 좋아하는 것보다 배움에 이르는

빠른 길은 없습니다.

學莫便乎近其人(학막변호근기인) 學之經莫速乎好其人(학

지경막속호호기인)

아주 오래전의 일입니다. 제가 첫 번째 대학 입시에 실패하고 학원가를 전전할 때였으니까요. 고단했던 시간은 기억에서 잘 사라지지 않은가 봅니다. 새벽마다 자리다툼을 벌이던 그 지루하고 괴롭던 시간이 지금까지 제 뇌리에 선명하게 남아 있으니까요. 물론 그것도 지금의 나를 키운 영양분 가득한 시간이라고 긍정적으로 생각하긴 합니다.

고등학교 때 수학을 참 못했습니다. 1년 남짓의 재수 생활만으로 과연 그 어렵다는 수학에서의 성적 향상을 기약할 수 있을까 하는 의문이 들었던 것도 사실이고요. 하지만 그때, 그저 한 학원가의 수학 강사에 불과했으나 저에게는 대학 입시의 은인이 된 분을 만나게 되었고 그 이후 성적은 일취월장, 대입 시험에서는 단 1문제를 제외하고 모두 맞혔던, 아름다운 기억이 있습니다.

세상은 참 넓은 것 같습니다. 그 넓은 세상 속에서 우리는 자신에게 맞는 스승을 찾아야 합니다. 물론 책 등의 도구를 스승으로 삼아 자신을 성장시킬 수도 있을 겁니다. 하지만 스승을 제대로 찾기만 한다면 앞으로 나아가는 발걸음은 한결 가벼워질 것입니다. 스승 없이는 단 한 발도 나갈 수 없는 경우가 생각보다 많기 때문입니다.

스승이란 어떤 사람을 말하는 걸까요. 저는 '그의 앞에 서면 모든 것을 내려놓게 되는 사람'이라고 말씀드리고 싶습니다. 의심이 생겼을 때조차 자신의 아집을 내려놓고 진지하게 물어볼 수 있는 그런 사람을 스승으로 모셔야 합니다. 모셨다면 배워야 합니다. 모르면 모르는 것을 배워야 하고, 알면 아는 게 맞는지 배워야 합니다. 배울 수만 있다면 내일이 어제보다 더 나은 나으리라고 기대할 수 있을 겁니다. 배우지 않으면 오늘 여기에서 끝입니다.

스승을 찾는 법은 곧 스승이 되는 법

스승을 찾고 배우는 방법은 여러 가지입니다. 온라인 강의를 통해 샘플을 확인하면서 찾아낼 수도 있고 전문적인 코칭, 멘토링, 튜터링 등의 서비스를 이용하여 스승을 찾을 수도 있습니다. 학교, 지역 사회 교육 등에서 진행하는 수업, 워크샵, 세미나 등을 이용하여 스승을 찾는 것 역시 권장합니다.

개인적으로는 인터넷 포럼, 커뮤니티, SNS 등을 통해 전문가와 소통하며 스승을 찾기도 하고, 경험 있는 사람들의 이야기를 출판물, 뉴스, 블로그 등을 통해 찾기도 합니다. 최근에는 제가 원하는 분야에 속한 전문가들과 함께하는 협업 및 멘토링 프로그램을 통해 스승이 될 만한 분들을 찾기도 했습니다.

결국 발품이 모든 것을 해결한다고 생각합니다. 스승을 찾으려는 열망이 크다면, 결국 자신의 몸을 일으켜 스승을 찾게 될 겁니다. 시행착오를 겪기야 하겠으나 언젠가는 자신의 성장에 결정적 도움을 줄 누군가를 만날 수 있을 거라고 생각합니다. 이를 위해서 자신이 원하는 것이 무엇인지 스스로 질문하고 답을 찾아보는 것이 우선이 되어야 합니다.

참고로 저는 스승을 찾는 방법으로, 스승이 되는 법을 선택하기를 권합니다. '스승을 찾기도 바쁜데 어떻게 스승이 되라는 거야?'라고 의문이 들 수도 있습니다. 하지만 스승이 된다면 스승을 찾는 방법도 훨씬 고급화됩니다. 제대로 된 질문을 하기 위해 무언가를 알아야 하듯, 스승이 된다면 자신이 찾는 스승을 찾기도 쉬울 테니까요.

제 이야기를 해 봅니다. 저는 개인적으로 목표가 있습니다. 세상이 필요로 하는 무엇인가를 말로 설명할 수 있는 사람이 되는 것입니다. 무엇인가를 설명할 줄 안다는 것은 그 분야에 관한 한 전문가라는 것의 또 다른 표현이라고 생각합니다. 자신이 아는 바를 누군가에게 설명할 줄 아는 사람, 바로 그 사람에게 스승의 자격이 있습니다.

예전에 제가 다니던 직장의 교육 실습장에는 다음과 같은 큰 현수막이 붙어 있었습니다.

"설명하지 못하면 아는 게 아니다."

공감이 가는 어구였습니다. 안다는 건 결국 그것을 활용하고자 함일 텐데, 이때 활용이란 결국 타인에게 잘 설명하는 것을 의미합니다. 설명한다는 것은 아는 바를 실제 세상에 적용해 보는 것이기에 중요합니다. 어떤 지식이든지 실제로 적용해 보면서 경험을 쌓는 것이 가장 빠르게 배우는 방법이라는 점, 공부 잘했던 사람 중 다수가 추천했던 방법이기도 합니다.

설명할 줄 알면 스승이 될 수 있습니다. 반대로 스승을 찾고자 한다면 원하는 것을 잘 설명해 주는 사람을 찾아내면 됩니다. 아무리 위대하고 대단한 사람이라도 나에게 필요한 것을 설명하지 못하는 사람은 적어도 나에게만큼은 그저 평범한 사람일 뿐입니다.

일생을 청춘으로 살아가게 하는 묘약

스승 찾는 법에 대해 이제 순자의 조언에 귀를 기울여 보겠습니다.

순자는 두 가지를 주문합니다. 첫째는 폭넓은 지식을 지닌, 훌륭한 인격을 지닌 스승을 만날 것. 둘째는 그렇게 만난 스승을 좋아할 것. 특히 두 번째가 중요합니다. 순자의 말입니다.

위로 어진 스승을 좋아하지 아니하면서 어찌 비루한 신세를 면할 수가 있겠습니까?

上不能好其人(상불능호기인) 不免爲陋儒而已(불면위누유 이이)

가장 쉽게 배우는 방법은 좋은 스승을 가까이하는 것입니다. 그런 데 그보다 더 중요한 게 있으니 스승이 될 만한 사람을 찾았다면 그 를 좋아해야 한다는 겁니다. 순자는 단언합니다. '이보다 더 배움에 이르는 빠른 길은 없다'라고 말이죠. 순자가 생각한 공부의 왕도(王 道)입니다.

가장 쉽게 배우는 방법은 좋은 스승을 가까이하는 것입니다. 스승이 될 만한 사람을 찾아 좋아하는 것보다 배움에 이르는 빠른 길은 없습니다.

學莫便乎近其人(학막변호근기인) 學之經莫速乎好其人(학

지경막속호호기인)

비루한 신세가 답답합니까. 그렇다면 배워야 합니다. 공부해야 하

는 거죠. 배우고자 한다면 먼저 좋은 스승을 만나려는 노력을 아끼

지 않아야 합니다. 그렇게 좋은 스승을 만났다면? 그를 좋아해야 합

니다. 그런데 여기서 하나가 더 궁금해집니다. 좋은 스승을 찾았다면

그의 가르침을 그대로 '복붙(복사해서 붙이기)' 하는 것에 만족해야 하

는 걸까요.

아닙니다. 순자의 이야기를 들어보시죠.

학문은 그쳐서는 안 됩니다.

청색은 쪽풀에서 나왔으나 쪽풀보다 더 푸르고

얼음은 물이 얼어서 된 것이지만 물보다 더 찹니다.

學不可以已(학불가이이) 青取之於藍而青於藍(청취지어람

이청어람)冰水爲之而寒於水(빙수위지이한어수)

배움은 끊임없이 계속되어야 하므로 중도에 그치는 것, 즉 스승

의 가르침 그 자체에 머물러서는 안 된다는 뜻입니다. 푸른색이 쪽 빛보다 푸르듯이, 얼음이 물보다 차듯이 면학을 계속하면 스승을 능가하는 학업을 이루는 제자가 될 수 있음을 믿고 성장해야 한다는 것이죠.

'청출어람 청어람(靑出於藍 靑於藍)'이라는 말이 떠오르지 않나요. 참고로 이 말은 중국 북조 북위의 이밀(李謐)에 관한 이야기에서 비롯되었답니다. 이밀은 어려서 공번(孔璠)이라는 분을 스승으로 삼아 학업에 열중합니다. 열심히 노력하여 학문의 수준이 스승의 그것을 능가합니다. 이때 스승이던 공번은 더는 가르칠 게 없다고 생각하고 도리어 제자인 이밀에게 자신의 스승이 되어 주기를 청했답니다.

이를 본 공번의 친구들은 오히려 그의 용기를 높이 사고, 또 훌륭한 제자를 두었다는 뜻에서 청출어람이라고 칭찬한 것이죠. 자기의 제자에게 자신의 스승이 되어 주기를 원한다? 이것이야말로 진정한 용기가 아닐까요. 부끄러움이라고 생각한다면 그렇게 생각하는 것 자체가 오히려 더 부끄러운 일일 겁니다.

"젊었을 때 배움을 게을리한 사람은 과거를 상실하며 미래도 없다(Whoso neglects learning in his youth, Loses the past and is dead for the future)."

에우리피데스의 말입니다. 맞습니다. 젊음이란 물리적 나이가 아니라 무엇인가를 배우려는 마음가짐 그 자체입니다. 배움이야말로 일생을 청춘으로 살아가게 만드는 묘약인 것이죠.

배울 수만 있다면 젊게 살 수 있습니다. 그래서라도 배워야 합니다. 배우기 위해 스승을 찾아야 하고, 스승을 찾았다면 그 스승을 좋아하되, 언젠가는 그 스승을 넘어설 수 있게 정진해야 합니다. 그때 비로소 우리는 제대로 배웠다고 말할 수 있을 겁니다. 순자의 말처럼.

배울 사람이 없다면
외로움을 택하라

얼굴빛이 부드러운 뒤에야 비로소 도의 극치를 논할 수 있다

色從而後可與言道之致
색종이후가여언도지치

예의 없이 질문하는 자에게는 대답하지 않으며,

퉁명스럽게 답하는 자에게는 질문하지 않으며,

말이 거친 자에게는 대답을 듣지 않으며,

다투려고 하는 자와는 논하지 않습니다.

問楛者勿告也(문고자물고야) 告楛者勿問也(고고자물문야)

나이가 들수록 배워야 하는 이유

說楛者勿聽也(설고자물청야) 有爭氣者勿與辨也(유쟁기자
물여변야)

—《순자》, 〈권학〉중에서

질문이 사라진 시대입니다. 대답하려는 사람들은 많아졌으나 정작 질문하려는 사람을 찾아보기는 어렵습니다. 왜 이렇게 된 걸까요. 누군가가 필요하지 않아져서일까요. 그럴지도 모릅니다. 인터넷에는 모든 문제에 대한 대답이 잘 나와 있으니까요. 지식만으로는 이제 누군가의 질문에 대해 만족스러운 대답을 해 주기 어렵습니다.

하지만 더욱 중요한 건 질문하는 사람 그리고 대답하는 사람의 커뮤니케이션 태도가 아닐까 합니다. 질문하는 것에도 방법이 있을 텐데, 대답하는 것에도 격식이 있을 텐데 이를 무시하고 질문하고 또 대답하게 되니 결국 남는 건 지식일 뿐, 우리가 가져가야 할 바람직한 인간관계는 오히려 멀어지는 경우가 흔합니다.

어떻게 해야 할까요. 우선 질문하는 법과 대답하는 법에 대한 일반적인 기준을 세워 본 후에 그것을 우리의 말하기 태도로 수용해야 할 것입니다. 수용했다면 그것을 실생활에서 적극적으로 활용해야 할 것이고요. 그러나 거칠고 험한 질문 태도나 대답 방식을 지닌 사람과 대해야 한다면? 이제 순자의 조언을 들어 볼 차례입니다.

모르는 것을 안다는 것

우선 질문에 대해 알아보겠습니다. 질문을 잘하는 법이 따로 있을까요. 물론 있습니다. 몇 가지만 기억해 두도록 합시다. 우선 질문은 구체적인 것을 묻는 것에서 시작하는 게 좋습니다. 이를 위해 간략하게 자신의 질문거리를 구체적으로 작성하는 것도 좋습니다. 어떤 상황에서나 발생하는 일반적인 문제가 아니라 구체적인 문제를 질문하려는 마음이 좋은 질문을 만듭니다.

다음으로 자기의 질문이 명확하고 이해하기 쉬운지 확인해야 합니다. 다른 사람이 듣거나 읽었을 때 명확하지 않으면, 답변을 받기 어려울 수 있습니다. 이를 위해 답변을 얻고자 하는 내용과 관련된 사실과 세부 정보를 상대방에게 제공하면 좋습니다. 질문에 필요한 정보를 충분히 제공하지 않으면, 답변자가 의도를 제대로 이해하지 못해 적절한 답변을 제공하기 어려울 수 있습니다.

마지막으로 존중과 예의를 갖추며 질문을 할 수 있어야 합니다. 그 어떤 상황에서도 질문은 상대방을 곤경에 처하게 하는 목적으로 사용돼서는 안 됩니다. 물론 어려운 질문을 통해 그 순간 질문자가 묘한 쾌감을 느낄 수 있을지는 모르겠습니다. 하지만 질문에 대답해야 하는 사람에게는 질문자를 향한 적개심만 생길 겁니다.

잘 질문하기 위한 방법을 간단히 세 가지로 정리해 보았습니다. 하지만 질문만큼이나 중요한 건 그 질문을 듣거나 읽고 말하는, 즉 답변자의 대답 방법일 겁니다. 그래서 답변자 역시 몇 가지를 염두에 두고 질문에 답할 수 있다면 질문과 대화를 통한 시너지 그리고 더 나은 관계로 나아갈 수 있는 하나의 계기를 마련할 수 있을 것입니다. 잘 대답하는 방법을 정리하자면 다음과 같습니다.

첫째, 질문의 의도를 정확히 파악해야 합니다. 질문에 대한 이해를 명확히 하면 대답하기에 급급하다 자칫 실수하는 잘못을 범하지 않을 수 있습니다. 대답할 때는 질문자의 질문과 시간적 간격을 두는 것도 좋습니다. 잘못된 대답을 하는 것보다는 시간이 걸리지만 차분하게 대답할 수 있도록 노력해 보세요.

다음으로 답변을 준비할 때는 가능한 한 구체적이고 자세한 정보를 제공하면 좋습니다. 이때 주의해야 할 건 아는 척하지 말아야 한다는 것입니다. 질문은 질문자가 잘 몰라서 하는 경우가 대부분입니다. 이때 질문을 받은 사람은 잘 대답해야 한다는 강박에 휘말리기 쉽습니다. 괜찮습니다. 멋진 대답을 해야 한다는 강박에서 벗어나세요.

그저 차분하게 자신이 아는 정보를 구체적으로 알려준다고 생각하면 됩니다. 잘 모르는 것은 '모른다!'라고 말하면 됩니다. 그뿐입니다. '잘 알지도 못하면서' 대답을 하려다 잘못된 정보를 상대방에게 주는 것보다는 훨씬 나은 선택입니다. 자신이 아는 것과 모르는 것을 나누어 말할 줄 아는 답변자가 되어 보세요.

마지막으로 답변을 제공할 때 존중과 예의를 갖추세요. 상황에 따라 답변이 부적절하거나 모욕적인 내용을 포함할 수 있으므로 주의하세요. 대답이란 상대방의 무지를 깨우치는 일이기에 질문자의 마음에 상처를 줄 수도 있습니다. 그러니 아무리 잘 아는 것이라도 질문자에게 답변할 때는 답변의 내용만큼이나 말하는 태도도 중요함을 잊지 말아야 합니다.

질문과 대답은 복잡하고 혼란한 세상을 살아가기 위해 타인의 경험을 배우는 일입니다. 이는 곧 새로운 시간과 공간을 맞이하려는 사람의 의무이기도 합니다. 깨어 있고자 한다면 과거의 기준에 머물러 허우적대는 것 대신 현재의 가치와 미래의 변화에 눈을 뜨려는 노력 즉, 제대로 된 질문과 대답에 힘써야 합니다. 그것이 우리를 과거가 아닌 현재, 아니 미래에 있게 합니다.

관계를 맺을 수 없다면 외로움을 택하라

질문과 대답은 배움과 성장에 가장 중요한 소통 방법입니다. 하지만 제대로 된 질문을 하고, 제대로 된 답변을 했음에도 상대방의 질문과 답변 수준이 현격히 떨어진다면 어떻게 해야 할까요. 물론 상대방의 눈높이에 맞추어 질문하고 대답하려는 노력에 게으르지 않았다는 전제하에서 말입니다.

순자의 대답은 냉정했습니다.

첫째, 질문하는 데 예의가 없는 사람에게는 답변하지 말 것.
둘째, 늘 퉁명스럽게 답변하는 자에게는 굳이 질문하지 말 것.

냉정하긴 하지만 뭔가 속이 시원하지 않나요? 질문과 대답에 대해 다소 상대방에게 가혹하게 대하라는 순자의 결론은 이러했습니다.

說楛者勿聽也(설고자물청야)

有爭氣者勿與辨也(유쟁기자물여변야)

즉, "말이 거친 사람으로부터 답을 듣지 마세요. 늘 다투려는 기색이 있는 사람과는 아예 대화도 시도하지 마세요"라는 겁니다. 조용히 자기 일에 몰두하면서 살아가는 우리에게 힘을 주는 말입니다. 특히 다수의 무례한 사람을 대해야 하는 사람들, 예를 들어 고객센터 등에서 근무하는 분들에게는 더욱 위로되는 말일 것입니다.

순자에 의하면 질문 하나도 제대로 하지 못하는 사람, 대답을 엉망으로 하는 사람하고는 아예 어울릴 이유가 없다고 합니다. '그런 사람과는 거리를 두라!'라고 권합니다. 순자는 아무리 지식이 뛰어나도, 아무리 명예가 높은 사람이라도, 얼굴빛 하나 관리하지 못하는 사람과는 대화를 나누지 말라면서 이렇게 말했습니다.

얼굴빛이 부드러운 뒤에야 비로소 도의 극치를 논할 수 있다.

色從而後可與言道之致(색종이후가여언도지치)

우리는 이제 누구와 말해야 할까요. 누구로부터 배워야 할까요. 배울 게 있는 사람과 대화해야 하고, 배울 게 있는 사람으로부터 공부해야 합니다. 그런 사람을 어떻게 구별할 수 있느냐고요? 순자의 말에 의지하면 됩니다. 얼굴빛이 부드럽지 않은 사람, 즉 예의 없는 질문을 하는 사람에게는 답변을 거부할 수 있어야 합니다. 불쾌감을 참는 것만이 능사는 아닌 거죠.

물론 상대방의 답변이 퉁명스럽다고 무조건 그것을 거부하라는 것은 아닙니다. 상대방의 퉁명스러운 말이 혹시 내 실수 때문이라면 사과한 후 더 자세하고 친절하게 대답해 주는 것이 좋고, 잘 모르겠다면 상대방에게 더 자세히 설명하거나 다시 질문해 보는 것이 좋습니다. 예의와 존중을 기반으로 하면서도 대화를 지속하는 방법을 찾는 것, 이것이 우리에게 주어진 과제입니다.

이렇게 노력했음에도 거칠고 험한 말을 쏟아내는 사람이 있다면 그냥 놔두십시오. 피해야 합니다. 굳이 함께 말을 할 이유가 없습니다. 순자의 말에 의지해 보는 것이죠.

예의 없이 질문하는 자에게는 대답하지 않으며,

퉁명스럽게 답하는 자에게는 질문하지 않으며,

말이 거친 자에게는 대답을 듣지 않으며,

다투려고 하는 자와는 논하지 않습니다.

問楛者勿告也(문고자물고야) 告楛者勿問也(고고자물문야)

說楛者勿聽也(설고자물청야) 有爭氣者勿與辨也(유쟁기자

물여변야)

예의 없는 사람, 퉁명스러운 사람, 거친 사람 그리고 다투려고만 하는 사람과 말을 섞을 이유는 없다는 순자의 말처럼 우리도 할 이유가 없는 말은 하지 않아야 합니다. 관계를 맺을 수 없는 사람과 대화를 시도하는 것은 자신을 파괴하는 행위입니다. 그때는 아예 관계 대신 외로움을 선택하는 것도 삶을 지키기 위한 현명한 길일 겁니다.

2장

돈과 명예로는 절반도 해결할 수 없다 —— 맹자

맹자
孟子

맹자(기원전 372년?~기원전 289년?)는 공자 사후 100년쯤 뒤 추나라에서 태어납니다. 맹자는 공자의 고향인 노나라로 가서 공자의 손자인 자사의 문하에서 육경을 배웠는데, 제자백가 시대에 돌입한 당대에는 묵자 등의 사상과 경쟁하며 유가 사상을 확립합니다. 40세 이후에는 인정(仁政)과 왕도 정치 등을 주장하며 천하를 유람합니다.

맹자를 떠올리면 가장 먼저 생각나는 것이 성선설일 겁니다. 인간이란 하늘의 목적을 지닌 존재로서 이것이 곧 인간의 본성으로 나타난다는, 즉 '인간의 본성은 선하다'라는 주장이죠. 인간의 본성은 선이라는 주장을 증명하기 위해, 인간의 마음에는 인, 의, 예, 지 등 사덕(四德)의 사단(四端, 싹)이 있다고 했는데 이 역시 친숙한 용어입니다.

참고로 인이란 '측은(惻隱)의 마음' 혹은 '남의 어려운 처지를 그냥 보아 넘길 수 없는 마음'이고, 의란 불의불선(不義不善)을 부끄럽게 알고 증오하는 '수오(羞惡)의 마음'이며, 예란 사람에게 양보하는 '사양의 마음'입니다. 마지막으로 지란 옳고 그름을 판단하는 '시비(是非)의 마음'으로 설명됩니다.

이외에도 맹자의 사상 중에서는 인간관계를 다섯 가지로 정리한 '오륜(五倫)', 즉, 부자유친(父子有親), 군신유의(君臣有義), 부부유별(夫婦有別), 장유유서(長幼有序), 붕우유신(朋友有信) 등이 유명합니다. 그리고 정치적으로도 농사에 방해가 되는 노역이나 전쟁을 하지 않고 민생(民生)의 안정을 꾀해야 한다는 '왕도'라는 용어 역시 우리에게 익숙합니다.

바라볼 수 없으면
이해할 수도 없다

하지 않는 것이지 하지 못하는 게 아니다

不爲也 非不能也
불위야 비불능야

"나쁠 게 없습니다.

그것이 바로 인을 행하는 기술입니다.

소는 보았으나 양은 보지 않았기 때문입니다.

군자는 살아 있는 짐승을 보면

그것이 죽는다는 것을 참지 못하고,

죽어가는 그 소리에 고기를 먹지 못합니다.

군자가 푸줏간을 멀리하는 이유입니다."

無傷也(무상야) 是乃仁術也(시내인술야) 見牛未見羊也(견
우미견양야) 君子之於禽獸也(군자지어금수야) 見其生(견
기생) 不忍見其死(불인견기사) 聞其聲(문기성) 不忍食其肉
(불인식기육) 是以君子遠庖廚也(시이군자원포주야)

—《맹자》,〈양혜왕(梁惠王)〉중에서

맹자가 왕에게 묻습니다.

"왕께서 소를 이끌고 가는 사람에게 이렇게 물었다고 들었
습니다. '소가 어디에 가는가?' 그 사람이 대답하여 말하기를
'종을 주조할 때 희생의 피를 바르는 종교적 의식의 예에 바
칠 것입니다'라 하니 왕께서 '그만두어라. 나는 죄 없는 소가
벌벌 떨며 사지로 나아가는 것을 보고 참을 수가 없구나'라
고 하셨더군요. 다시 그 사람이 대답하여 말하길 '그러면 종
교적 의사를 위한 예를 그만둘까요?'라고 답하니 왕께서 '어
찌 그것을 그만두겠는가. 양으로 바꾸어라'라 하셨다고 합니
다. 이런 일이 있었습니까?"

돈과 명예로는 절반도 해결할 수 없다

종을 만들 때 종교적 의식을 진행하면서 제물로 소가 바쳐지게 되었나 봅니다. 소가 죽음의 문턱으로 가는 순간을 마침 왕이 보게 됩니다. 왕은 그 소를 보며 가엽다고 하면서 종교적 의식에 바칠 동물을 소에서 양으로 바꾸라고 하죠. 이에 대해 맹자가 물은 것이고요. 아마 소를 좋아하거나 소를 사랑해서 그런 거냐고 물은 것일 겁니다. 왕의 답은 이러했습니다.

> "내 어찌 소 한 마리를 사랑하겠습니까. 그저 그 소가 벌벌 떨며 죄 없이 사지로 나아가는 것을 차마 볼 수가 없었기에 제물로 바칠 소를 양으로 바꾸게 했을 뿐입니다."

> 吳何愛一牛(오하애일우) 即不忍其觳觫(즉불인기곡속) 若無罪而就死地(약무죄이취사지) 故以羊易之也(고이양역지야)

소는 불쌍한데, 양은 불쌍하지 않다? 논리적으로 이상하죠? 뭔가 앞뒤가 안 맞는 이 장면이 백성들에게 알려졌나 봅니다. 백성들은 이렇게 생각했답니다. '얼마나 재물(여기서는 '종')에 눈이 어두웠으면 불쌍한 소를 더 불쌍한 양으로 바꾸는 걸까?' 이런 이야기가 백성들 사이에서 돌고 있다는 것을 왕이 들었나 봅니다. 왕의 마음이 언짢았던 그 순간, 맹자가 왕을 두둔합니다.

"괜찮습니다.
그것이 인을 행하는 기술이니까요.
소는 보았으나 양은 보지 않았기 때문입니다.
군자는 살아 있는 짐승을 보면
그것이 죽는다는 것을 참지 못하고,
그 소리를 들으면 그 고기를 먹을 수가 없습니다.
군자가 푸줏간을 멀리하는 이유입니다."

無傷也(무상야) 是乃仁術也(시내인술야) 見牛未見羊也(견
우미견양야) 君子之於禽獸也(군자지어금수야) 見其生(견
기생) 不忍見其死(불인견기사) 聞其聲(문기성) 不忍食其肉
(불인식기육) 是以君子遠庖廚也(시이군자원포주야)

맹자의 말을 해석해 봅시다. 보이는 것에 관해 측은지심, 즉 불쌍
히 여겨서 언짢아하는 마음을 지니는 것은 일종의 인을 행하는 것이
나 마찬가지라는 겁니다. 맹자의 말을 들은 왕은 안도합니다. 자신의
마음을 헤아려 준 맹자의 말이 기뻤을 겁니다. 별 내용 아닌데 왜 이

이야기를 소개하느냐고요?

맹자에 나오는 이 단순한 사례에서 살아갈 날들을 더 아름답게 하는 기술로서의 '바라봄'을 배웠기 때문입니다. 앞으로 사랑의 대상과 어떻게 화해해야 하는가를 배울 수 있었고, 인을 찾고, 또 그것을 행하는 방법을 배웠습니다. 그 시작은 '잘 바라볼 줄 앎'이었습니다.

바라본다는 것의 의미

영화 〈아바타〉는 재미만큼이나 그 철학적 깊이도 상당합니다. 영화가 지향하는, 인류의 생존 기반인 자연을 훼손해선 안 된다는 생태적 메시지도 아름답습니다. 저는 그중에서도 영화 속 "I see you"란 대사에 마음을 빼앗겼습니다. 이 대사는 주인공이 외계 종족과의 사이에서 이해 혹은 포용의 징표로 사용된 일종의 인사말입니다.

영화 속에서 주인공을 향한 외계 종족의 인사말은 "나는 당신을 봅니다"라는 말이었습니다. 그래서 뭐 어쩌라는 말일까요? 저에게는 별 의미도 없는 이 말과 행동이 영화 속에서는 묵직한 화두로서 영화 전체를 이끌어 갑니다. 영화 제작자인 제임스 캐머런 감독은

기자 간담회에서 영화 전체를 관통하는 대사 'I see you'의 의미를
이렇게 설명했다고 합니다.

> "'나는 당신을 봅니다'라는 말은 단순한 지각(알아차림) 이상
> 의 의미가 있습니다. 상대방에 대한 이해, 존경, 인정 등 다
> 양한 뉘앙스가 함축된 것이죠. 포괄해서 사랑이라는 더 깊은
> 의미를 갖기도 하고요."

　다시 소를 양으로 바꾼 왕의 사례로 돌아가 봅니다. 왕은 소를 봅
니다. 그 순간 왕은 소와 일종의 교감을 할 수 있었습니다. 보지 못한
양에 대해선? 그렇습니다. 측은지심의 마음을 갖기는 어려울 겁니
다. 즉, '본다'라는 행위는 우리 모두 서로에게 필요한 존재로 연결한
다는 걸 맹자는 말하려 했던 겁니다.

　'바라봄'의 힘은 위대합니다. 바라볼 때 비로소 상대가 존재할 수
있게 되니까요. 반대로 바라보지 않는 것은 상대의 존재를 무시하는
것이나 마찬가지입니다. 누군가와 바라보고 인사를 나눌 때, 그때야
비로소 '네, 저는 여기에 있습니다'라고 할 수 있는 겁니다. 이쯤에서
궁금해집니다. 우리는 과연 얼마나 자주 서로의 눈을 바라보며 살아
가고 있는 걸까요?

이제 지하철과 버스에서 사람들이 이어폰을 꽂은 채 스마트폰을 들여다보는 것은 흔한 풍경입니다. 식당에서도 동료들끼리 음식이 나오길 기다리며 대화는커녕 각자 스마트폰만 보는 풍경은 이제 놀랍지 않습니다. 눈 마주치는 건 고사하고 통화도 불편하다며, 메신저로 용건을 알려 달라는 젊은 직원이 많아졌다는 푸념을 듣는 경우도 많습니다.

물론 눈과 얼굴을 거치지 않고도 소통과 업무를 하는 데 별 지장이 없는 시대입니다. 비대면은 거스를 수 없는 대세라고까지 합니다. 하지만 상대방과 눈빛을 주고받는 행위가 인간다움의 필수 조건이라는 사실에는 변함이 없습니다. 서로 눈을 바라보며 마음의 문을 열지 않고서는 진정한 의미의 관계 맺기가 불가능합니다.

사람들이 눈 마주치는 것을 부담스러워하고, 필요하지 않다고 여기다가 결국 정서 소통과 공감 능력, 타인에 대한 감수성이 퇴화하는 세상이 오지는 않을까요. 바라보지 못하면 우리는 관계할 수 없습니다. 잠시 주변을 둘러보면 좋겠습니다. 지금, 우리의 눈길이 필요한 누군가가 방치되고 있는 것은 아닐까요.

바라볼 수 없다면 이해할 수 없고
이해할 수 없다면 사랑할 수 없다

맹자가 소를 양으로 대신한 왕을 그저 두둔만 했던 걸까요. 아닙니다. 맹자가 고작 '소가 불쌍한 만큼 양도 불쌍하다'라고 결론을 내릴 사람이겠습니까. 소와 양을 등장시켜 왕과 대화를 이어나가던 맹자는 이렇게 결론을 내립니다.

> "왕의 은혜는 한낱 짐승인 소에게는 미치고 있으나 그 은혜가 백성에 이르지 못하는 건 아십니까? 깃털 하나를 들지 못하는 것은 힘을 쓴 것이 아니며, 수레에 실린 땔나무를 보지 못한 것은 시력을 쓰지 않은 것이며, 백성이 보호를 받지 못하는 것은 은혜를 쓰지 않기 때문입니다. 고로 왕께서 왕의 노릇을 하지 않음은 '하지 않으시는 것'입니다. '하지 못하시는 것'이 아닙니다."

맹자의 패기가 대단합니다. 소에게는 관심을 두면서 왜 백성에게는 관심을 둘 줄 모르느냐, 하는 강력한 힐난의 말입니다. 왕 노릇을

64
•

돈과 명예로는 절반도 해결할 수 없다

제대로 해야 함에도 (하지 못하는 게 아니라) 하지 않고 있다고 비판합니다. 다행히 왕은 덕이 뛰어난 성군(聖君)이었습니다. 맹자의 힐난을 듣고 나서도 '하지 않는 것과 할 수 없는 것의 모습은 어떻게 다릅니까?'라며 물을 줄 알았으니까요.

맹자의 현명함도 존경스럽지만 사실 저는, 자신의 부족함에 대해 질책을 하는 맹자를 바라보면서 오히려 조언을 구하는 왕의 모습에 더 마음이 끌렸습니다. 그러나 여기서는 '왕의 멋짐'에 대한 이야기는 잠시 접어두고 맹자의 결론을 확인해 보겠습니다.

> "태산을 겨드랑이에 끼고 북해를 건너는 일을 타인에게 말하기를 '나는 할 수 없다'라고 한다면 이는 정말 할 수 없는 것입니다. 그런데 나뭇가지를 꺾어 주는 일을 두고 '나는 할 수 없다'라고 말한다면 이는 하지 않는 것이지, 할 수 없는 것이 아닙니다."

挾太山以超北海(협태산이초북해) 語人曰(어인왈) 我不能(아불능) 是誠不能也(시성불능야) 爲長者折枝(위장자절지) 語人曰(어인왈) 我不能(아불능) 是不爲也(시불위야) 非不能也(비불능야)

누군가를 향해 따뜻한 눈길을 보내는 것, 이것은 누구나 얼마든지 잘할 수 있는 일입니다. 맹자의 말에 의하면 그건 '나뭇가지를 꺾는 일'과 같은 극히 쉬운 일입니다. 그것조차도 불편해한다면 그건 '하지 않는 것이지 할 수 없는 것'이 아닌 거고요. 우리는 할 수 있습니다. 아니, 해야 합니다. 배움의 시작, 사랑의 완성은 바라보는 것에서 시작하고 끝납니다.

누군가를 바라보는 것만큼 자신을 바라보는 것에도 관심을 두기 바랍니다. 자신에 대해 애정을 갖고 사랑으로 바라볼 수 있어야 세상의 어려움으로부터 자기를 지켜 낼 수 있으니까요.

언젠가 어려움 속에 있던 저에게 가까운 친구가 이렇게 말하더군요. "이제는 일인칭 주인공 시점을 벗고, 일인칭 관찰자 시점으로 사는 건 어떨까? 자신을 혹사시키지 말고 이젠 차분히 너 자신을 살펴보렴."

일인칭 관찰자 시점으로 살아라! 아차, 했습니다. 세상을 향해 바라보는 것도 부족했던 저였지만 더 큰 문제는 저 자신을 돌보는 것에 등한시했던 것이었죠. 미안했습니다. 저 자신에게 말이죠. 나의 행동 하나하나, 나의 생각 하나하나를 소중히 여기고 예뻐하고 보듬어 주었어야 했던 것이죠.

살아온 날들도 많지만 살아갈 날들 역시 만만찮게 남아 있습니다.

그동안 잘살아왔다면 더 잘살기 위해서, 잘못 살아왔다면 이제부터라도 잘살기 위해서 배울 건 배워야 합니다. 그 시작은 세상과 상대방을 나의 잣대로 판단하지 않고, 있는 그대로 바라보며 존중하는일일 겁니다. 물론 자신도 바라볼 줄 알아야 함은 물론입니다.

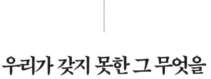

우리가 갖지 못한 그 무엇을
찾아다닐 필요는 없다

측은하게 여기는 마음이 없다면 사람이 아니다

無惻隱之心 非人也
무측은지심 비인야

"한 어린아이가 우물을 향해 기어가는 것을 보면,

모두 놀라며 측은하게 여기는 마음을 일으키게 됩니다.

그것은 어린아이의 부모와 친분을 맺기 위해서가 아니며,

주변 사람으로부터 어린아이를 구했다는 칭찬을 듣기 위해

서도 아니며, 어린아이가 지르게 될 울부짖는 소리를 듣기

싫어서도 아닙니다."

돈과 명예로는 절반도 해결할 수 없다

今人乍見孺子將入於井(금인사견유자장입어정) 皆有怵惕惻
隱之心(개유출척측은지심) 非所以內交於孺子之父母也(비
소이내교어유자지부모야) 非所以要譽於鄕黨朋友也(비소이
요예어향당붕우야) 非惡其聲而然也(비오기성이연야)

—《맹자》,〈공손추(公孫丑)〉중에서

　세상이 너무 차가워졌다고, 각박해졌다고 한탄합니다. 타인을 고
려하지 않는 말과 행동을 보면서 '어떻게 이런 일이…'라고 생각하
는 경우가 흔합니다. 오로지 자신만을 위해서 살아가는 사람들, 우리
는 그것을 인간의 본성이라고 하면서 걱정합니다. 하지만 세상에는
선행의 삶을 몸소 실천하고 마지막 순간까지 타인을 위해 살았던 의
인도 많습니다.

　나만을 생각하는 것이 아니라 타인을 향해 따뜻한 시선을 보내는
것, 이것이야말로 어른의 삶일 것이며 만약 부족하다면 반드시 채워
넣어야 할 무엇일 겁니다. 맹자는 측은지심을 발휘할 줄 알아야 한
다고 말합니다. 측은지심이야말로 우리가 사람인지, 짐승인지를 구
분하는 기준이라고 하면서요.

열심히 살았는데 왜 주위에 사람이 없을까?

누구에게나 인생의 선배가 있습니다. 가깝게는 부모님일 것이고, 폭을 넓혀가면서 학교에서 만난 선생님, 직장에서 마주하게 된 상사이기도 할 것입니다. 그 과정에서 우리 역시 인생의 선배가 되어갑니다. 선배가 된다는 것은 존경받을 수 있는 자리에서 존경받는 행동을 할 수 있을 때 비로소 가능한 일입니다. 하지만 존경받을 수 있는 자리에서 존경받는 행동을 하는 것, 쉽지 않습니다.

존경의 대상이 되기는커녕 혐오의 대상이 되는 경우가 더 흔합니다. 이유는 간단합니다. 오로지 자기만의 경험과 지식에 의지하여 사람들을 상대하다 보니 더 이상의 발전은 없고, 오직 '자신만 옳다'라는 생각에 빠지기 때문입니다. 그런 사람의 말에 귀를 기울일 사람은 없습니다. 주위에 사람은 하나둘 빠져나가고 남는 것은 '자리'와 '나이'밖에 없게 됩니다. 그럼에도 정신 못 차리고 소리만 칩니다.

"내가 누군데!"

"너 몇 살인데!"

아무도 찾지 않는 사람이 되어 결국 쇠락해 갑니다. 복종시키고자 하지만, 오히려 경멸당하는 사람이 되어 버리는 것이죠. 혹시 어른이

돈과 명예로는 절반도 해결할 수 없다

되어 가는 우리가 요즘 겪고 있는 일은 아닌지 걱정이 됩니다. 한편으론 화가 납니다. '열심히 살아왔는데 왜 이런 일이 벌어지게 된 걸까?'라는 생각에 말이죠.

맹자는 우리에게 조언합니다.

'무력(武力)으로서 사람을 복종시킨다면, 사람들은 진심으로 복종하지 않게 되며 억지로 존중할 뿐이다. 그러니 덕으로써 사람을 대해야 한다. 덕으로 사람을 대한다면 그때 비로소 사람들은 기뻐하며 자발적으로 복종한다. 70명의 제자들이 공자에게 복종한 것을 보라!'

참고로 맹자가 말하는 덕이란 인의(仁義)를 말합니다. 맹자에 따르면 사람답게 사는 것이란 '인의의 실천' 그 자체입니다. 특히 모든 인간은 처음부터 '불인지심(不忍之心)', 즉 '차마 어찌하지 못하는' 마음을 가지고 태어나는데 이때 등장하는 용어가 그 유명한 '사단'입니다. 맹자의 말입니다.

> "측은하게 여기는 마음은 인의 싹이고,
> 잘못을 부끄러워하고 악을 미워하는 마음은 의의 싹이고,
> 사양하는 마음은 예의 싹이고,
> 옳고 그름을 가리는 마음은 지혜의 싹입니다."

惻隱之心(측은지심) 仁之端也(인지단야) 羞惡之心(수오지심) 義之端也(의지단야) 辭讓之心(사양지심) 禮之端也(예지단야) 是非之心(시비지심) 智之端也(지지단야)

사단이란 '네 가지의 싹'이라는 뜻으로, 사단이 한 사람의 태도로 발현되기 위해서는 그 사단을 나오게 하는 핵(核)이 내포되어 있어야 하는데 그것이 곧 인의예지(仁義禮智)이며 이를 계발하기 위해서라도 교육은 중요합니다. 우리가 애초에 마음속에 갖고 태어난, 처음 느낌 그대로의 사단을 다시금 끌어내는 데 교육의 목표가 있습니다.

고통의 순간을 외면해선 안 된다

두세 살밖에 안 되는 어린아이가 있습니다. 시골 잔칫날이라도 되었을까요, 아니면 상갓집이었을까요. 사람들은 서로 즐겁게 혹은 위로를 나누며 함께 있었을 겁니다. 그런데 갑자기 그 어린아이가 낮은 턱으로만 간신히 가려진 우물가로 향합니다. 이제 막 걷기를 시작한 아이의 모습은 위태로워 보입니다. 그런데 우물로 향하다니?

돈과 명예로는 절반도 해결할 수 없다

'앗!' 하는 사이에 어린아이가 곧 우물 속으로 떨어질 것 같을 때 우리는 어떻게 하나요? '곧 우물에 빠지겠는데?' 하고 생각만 하나요. 아닙니다. 앞뒤 안 가리고 달려가서 아이를 잡을 겁니다. 이 급박한 순간에 느끼게 되는 감정을 두고 맹자는 말합니다. 측은지심, 즉 가엾고 불쌍히 여기는 우리 마음이 있는 것이라고요. 맹자의 말을 들어봅니다.

"한 어린아이가 장차 우물에 들어가려고 기어가는 것을 보게 된다면, 모두 놀라며 측은하게 여기는 마음이 있게 됩니다. 그것은 어린아이의 부모와 친분을 맺기 위해서가 아니며, 주변 사람으로부터 어린아이를 구했다는 칭찬을 듣기 위해서도 아니며, 어린아이가 지르게 될 울부짖는 소리를 듣기 싫어서도 아닙니다."

今人乍見孺子將入於井(금인사견유자장입어정) 皆有怵惕惻隱之心(개유출척측은지심) 非所以內交於孺子之父母也(비소이내교어유자지부모야) 非所以要譽於鄉黨朋友也(비소이요예어향당붕우야) 非惡其聲而然也(비오기성이연야)

맹자는 어린아이가 우물가에서 사고를 당하는 '고통의 순간'을 포착했습니다. 그리고 그러한 상황에서는 대부분 신체 반응을 수반하는 두려운 감정을 느끼고, 동시에 측은한 마음을 갖게 된다는 것을 깨닫습니다. 이때 측은해하는 마음은 타자의 불행과 고통에 동참하는 인간으로서 느끼는 본능적 감정입니다.

맹자는 이를 다른 동물과 비교하여 구별되는 인간의 특질로 규정합니다. 타자의 고통에 대해 슬퍼하고 힘겨워하는 측은한 사랑의 감정을 인간의 본질적인 도덕성으로 전환하려 하는 것이었죠. 그렇기에 맹자는 이 감정이 인간의 본질을 확인할 수 있는 단서라고 주장하였습니다. 이런 감정이 없다면 인간이 아니라 짐승인 거죠.

맹자의 덕이란 측은지심, 즉 '동정심'에서 비롯됨을 알 수 있습니다. 단, 이 동정심에는 일종의 조건이 있습니다. 조건을 만족해야 제대로 된 동정심, 인간다운 측은지심을 가진 셈입니다. 이는 다음의 세 가지로 정리될 수 있습니다.

첫째, 맹자의 측은지심이란 어린아이의 부모와 자신의 관계를 생각하지 않습니다. 어린아이의 부모가 가까운 친척이든, 직장 상사이든, 자신에게 돈을 빌려준 채권자이든 관계없이 어린아이 그 자체에 연민합니다. 조건 없이 존재 자체를 가엽고 불쌍히 여기는 마음일 뿐인 겁니다.

둘째, 맹자의 측은지심이란 어린아이를 구했다고 누군가에게 칭찬받기를 기대하지 않습니다. 과시하고자 동정심을 지니거나 가엽고 불쌍한 마음을 가져서는 덕스러운 사람이 아닌 거죠.

예를 들어 볼까요. 한 공직자가 있습니다. 그가 국민이 원하는 공직자가 되려면 어떤 능력이 필요할까요. 문제 해결 능력? 정책 기획 수립 능력? 현장 중심적 사고? 부처 간 협의 조정 능력? 다 좋습니다. 하지만 진정으로 중요한 것은 누군가에게 칭찬을 듣기 위함이 아닌, 국민을 바라보는 따뜻한 마음, 측은지심 아닐까요. 이런 마음이 없는 공직자가 국민을 봉사의 대상이라고 볼 리가 없습니다. 그저 시혜의 대상일 뿐이지요.

마지막으로 맹자의 측은지심은 어린아이의 울부짖음이 듣기 싫어서 생겨난 게 아닙니다. 타인의 고통에 대한 감정이 보기 싫고 듣기 싫은 것에 대한 불편함, 짜증 혹은 혐오 때문이라면 그것은 덕이 아닙니다. 어린아이 그 존재에 대한 연민이 불편함을 압도하는 감정으로 느껴져야 진정한 측은지심인 겁니다.

맹자의 동정심, 즉 측은지심을 세 가지로 정리해 봤습니다. 덕에 이르는 길의 초입에서, 세상을 바라보는 우리의 측은지심을 되돌아볼 필요가 있습니다. 어려움으로 곤란에 처하거나, 어이없는 사건에 휘말려 희생자가 되거나, 뜻하지 않은 불행에 닥친 사람을 보았을 때 우리는 '한 어린아이가 우물로 향하는 것을 본 것처럼' 소스라치게 놀라며 걱정할 줄 알아야 합니다.

아이가 우물로 향하는데 '쟤를 구해 줘야 해, 아니면 말아야 해?', '비가 와서 오늘 새로 신은 흰 운동화가 더러워질 텐데 누가 대신 안 구해 주나?' 등의 생각을 하는 건 인간의 도리로서의 덕이 아닙니다. 맹자가 말하는 사람의 본성, 즉 성(性)에 어긋나는 것입니다. 우리는 그렇게 하지 않을 겁니다. 계산하지 않고 타인의 어려움에 마음을 함께하는, 우리는 원래 괜찮은 사람이니까요.

어른이 되고 싶습니까. 존경받고 싶습니까. 무엇을 공부해야 할까요. 우리가 갖고 있지 못한 그 무엇을 찾아다닐 필요가 없습니다. 이미 마음속에 지닌 따뜻한 마음을 잘 살펴서 세상 밖으로 그것이 드러나게 하면 됩니다. 자녀를 바라보는 부모의 마음, 부하를 바라보는 상사의 마음, 어려움에 있는 사람을 보는 마음속에 측은지심을 가득 채우는 것이 우리가 해야 할 일입니다.

'측은하게 여기는 마음이 없다면 사람이 아니다'라는 맹자의 말처럼 세상이 '사람'으로 가득하길 바랍니다. 타인을 따뜻하게 바라볼 줄 아는 우리의 본성을 굳이 감추고 차가움으로 세상을 대할 이유는 없습니다. 즉 주변 사람을 향해 측은지심으로 바라볼 줄만 안다면 우리는 잘살아 갈 준비가 되어 있는 것일 겁니다.

돈과 명예로는 절반도 해결할 수 없다

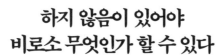

하지 않음이 있어야
비로소 무엇인가 할 수 있다

하지 않음이 있어야 비로소 무엇인가 할 수 있다

人有不爲也而後 可以有爲
인유불위야이후 가이유위

"대인은 말을 함에 있어서

반드시 남들이 믿어 주기를 바라지 않고,

행동함에 반드시 상응하는 결과가 생길 것을 바라지 않으며,

오직 의로움이라는 기준에 따라 말하고 행동할 뿐입니다."

大人者(대인자) 言不必信(언불필신) 行不必果(행불필과)

맹자

惟義所在(유의소재)

_《맹자》,〈이루(離婁)〉중에서

정의롭게 살겠다고 말하면서도, 실제로는 정의롭지 않은 일을 배제하지 않는 것은 문제입니다. 맹자 역시 우리가 마땅한 절차를 지키며 무엇인가를 이루어 내기를 기대합니다. 목표로 하는 방향이 잘못돼 있거나 그 과정에서 불법이나 부당함이 가득하다면 어떤 성과를 거두더라도 그 일의 정당성은 확보할 수 없다는 것이죠.

일의 과정에서도 수단과 절차를 올바로 지켜야 합니다. 무엇을 달성했더라도, 그 과정에 잘못이 있다면 그것은 옳지 않은 것입니다. 성공과 명예를 얻고서도, 수단과 방법이 의롭지 않았다면 얻지 않음만 못합니다. 정의롭게 살기 위해서, 정의롭지 않은 일을 배제하려고 노력하고 있는지 늘 점검하는 것은 우리에게 주어진 몫입니다.

잘못된 생각과 잘못된 행위를 배제하면서, 삶의 과정에서 올바른 수단만 사용하고 절차를 지킴으로써 진실한 성과를 얻어 내야 합니다. 이를 위해 필요한 것은 무엇일까요. 저는 '하지 않아야 할 사항을 미리 정해 놓고서 의롭지 않은 일이라면 과감히 배제하는 것'이라고 생각합니다.

돈과 명예로는 절반도 해결할 수 없다

과정과 결과 모두 부끄럽지 않아야 한다

맹자의 말입니다.

하지 않음이 있어야 비로소 사람은 무엇인가 할 수 있습니다.

人有不爲也而後(인유불위야이후) 可以有爲(가이유위)

바르지 못한 것을 하지 않을 수 있는 태도를 갖춘 후에야 올바른 정의로움을 실천할 수 있다는 의미입니다. 혼탁한 세상이라고들 합니다. 이럴 때일수록 큰일을 하려면 우선 자신의 말과 태도가 의에 어긋난 것은 아닌지 늘 관심을 두어야 합니다. 자기의 생각과 행동이 정의(正義)인지 불의(不義)인지를 늘 구분할 줄 알아야 마땅합니다.

'에이, 누가 그렇게 살아?'라고 우습게 여길지 모르겠으나, 우리는 가끔 일상에서 매스컴이나 언론 매체를 통해 범인(凡人)이면서도 강인한 신념과 확고한 의지로 더 나은 세상을 만들기 위해 실천하는 아름다운 사람들을 접하곤 합니다.

실제로 따뜻한 마음으로 조용히 자원봉사를 실천하는 사람들이나 사회 병폐를 들추어 내고 바로잡기 위해서 적극적인 참여 활동을 하는 시민들을 예전보다 더 많이 볼 수 있어 우리 사회가 건강한 모습을 되찾고 있다는 희망을 이야기하기도 합니다. 물론 자신이 적극적으로 참여하지는 못하지만 따뜻한 성원이라도 보내려는 마음을 가진 이들도 많을 것입니다.

우리가 겪는 고통 대부분은 삶의 균형이 어긋남에서 시작됩니다. 이때 우리는 무엇인가를 더 채우려고만 합니다. 하지만 우리가 처한 현실의 그릇에 무엇인가를 더 얹어 내는 것보다는 자신이 가진 욕망의 그릇에서 욕심을 한 스푼 덜어 내는 방법이 우선돼야 합니다. 일종의 '포기'라는 용기가 바로 그것일 겁니다. 그때 비로소 우리는 새로운 것에 다시 도전할 수 있습니다.

할 일, 못 할 일을 취사선택할 줄 아는 우리가 됐으면 합니다. 하지만 그것이 어렵다면 누군가의 의로운 행동에 아낌없이 응원과 격려를 보낼 수 있었으면 합니다. 그럴 때 우리가 사는 세상은 한결 아름다워지고 올바른 사회에 이를 수 있을 것입니다.

사람답지 못한 행동을 봤을 때, 차마 저렇게까지 하는 것은 아니라고 생각해서 그것을 부끄러워하고 미워하는 마음을 갖는 것, 이것이 맹자가 말한 의입니다. 만약 권력자가 사람답지 못한 행동을 해서 백성을 괴롭힌다면? 맹자는 말합니다. '백성들은 그런 윗사람을 끌어내려야 한다'라고요. 맹자의 사상이 혁명의 사상이라는 말은 여기에서 비롯되지 않았나 싶습니다.

남의 허물을 지적할 자격

록산 게이라는 작가가 있습니다. 그는 자전적 수필 《헝거》에서 열두 살 어린 나이에 성폭행당한 사실을 이야기합니다. 그것도 좋아하던 남자 친구와 그의 친구들에 의해서요. 고통 속에서 그가 선택한 것은 '무거운 사람'이 되는 일이었답니다. 그 어떤 남자로부터도 욕망의 대상이 되지 않기 위해 자신의 몸무게를 늘려 버립니다.

그는 자신의 몸을 자신에게 가장 필요한 상태, 즉 안전한 상태로 만들겠다고 결심했던 겁니다. 비극적이죠. 처절한 그의 마음이 고스란히 느껴집니다. 그의 표현에 의하면 '작고 연약한 배'가 아닌 '크고 묵직한 항구'와 같은 몸을 만들었답니다. 결국 몸무게를 250kg까지 늘립니다.

솔직히 말해 볼까요. 우리가 만약 우연히 길거리에서 그를 봤다면 '참, 자기 관리 못 하는 사람이네. 어떻게 자신의 몸을 저렇게 엉망으

로 만들어 버렸을까?'라면서 비웃고 조롱하지 않았을까요. 육체적, 정
신적 상처를 받지 않기 위해 세상과 거리를 두려는 그의 노력은 모른
채 자신의 시각에서 타인을 잘못 판단하는 오류를 범했을 겁니다.

잘 알지도 못하면서 누군가를 판단하는 것만큼 오만하고 무식한
짓이 또 있을까요. 상대방이 처한 특수한 환경을 모른 채 함부로 판
단을 내리는 것, 그것은 하지 않음의 틀에서 절대적으로 없애야 할
악습입니다. 잘 알지 못하면서 함부로 판단하는 것은 의와 무관합니
다. 사람다움, 즉 인에 이르는 것을 막습니다.

우리의 관계는 어떠합니까. 사랑하는 누군가와 잘 지내고 있나요.
적당한 거리를 둔 채 편안한 관계를 유지하고 있나요. '사랑은 질려
서 죽는다'라는 말이 있습니다. 혹시 누군가를 함부로 판단하고 평
가하며 규정하는 것에 익숙하다면, 아무리 상대방이 사랑하는 사람
이라도 질식시켜 죽게 만들 수 있음을 기억해야 합니다.

사회를 이루면 살아가는 우리에게 인간관계는 좁히고 떼고 하는
것 이상으로 유지하는 것 자체도 어렵습니다. 참고로 이때 관계를
유지하기 위한 '하지 않음'을 잘못 해석하면 위험합니다. '아무것도
하지 않음'이라고 착각하면 안 되는 것이죠. 관계를 잘 유지하는 것
은 맹자가 말한 의에 근거해서 행하는 하지 않음으로써, 이는 '적극
적인 함'이어야 합니다.

돈과 명예로는 절반도 해결할 수 없다

맹자는 특히 우리의 말과 행동이 타인에게 어떻게 받아들여질 것인지에 대해 돌아보라고 권합니다. 사실 말과 행동은 참 어렵습니다. 실제로 커뮤니케이션 전달 과정을 연구한 한 학자에 의하면, 말하는 사람은 자신의 의사를 50% 정도만 표현하고 듣는 사람은 말하는 사람의 의사 중 30%만 이해한다고 했으니까요.

결국 듣는 사람은 말하는 사람의 의도 중 고작 15%에 대해서만 이해하는 셈이니, 말하는 사람이 열 가지를 말해도 듣는 사람은 간신히 한두 개 정도만 알아듣는다는 셈이지요. 하지만 한두 개만 알아듣고 나머지는 알아듣지 못한 채 끝나면 사실 다행 아닌가요. 나머지 여덟 개의 말이 상대방에게 불쾌감을 주는 경우가 얼마나 흔한가요. 어떻게 해야 할까요.

맹자의 말에서 힌트를 얻어 볼까 합니다.

"대인은 말을 함에 있어서 반드시 남이 믿어 주기를 바라지 않고, 행동함에 반드시 상응하는 결과가 생길 것을 바라지 않으며, 오직 의로움이라는 기준에 따라 말하고 행동할 뿐입니다."

大人者(대인자) 言不必信(언불필신) 行不必果(행불필과)

惟義所在(유의소재)

그렇다면 맹자가 말한 대로 의로움이라는 기준에 따라 말하고 행동했을 때 우리가 얻어 낼 성과는 도대체 무엇일까요. 성과가 과연 있을까요. 네, 있습니다. 그건 바로 후환(後患) 즉, 뒷날의 걱정과 근심에서 벗어나는 행복을 맛볼 수 있다는 겁니다.

맹자가 말했습니다. "남의 나쁜 점을 말한다면 닥쳐 올 후환을 어찌 감당할 수 있을까요?"

孟子曰(맹자왈) 言人之不善(언인지불선) 當如後患何(당여후환하)

살아보니 기쁨과 행복감의 충분함보다는 고통과 불만의 적음이 일상을 영위하는 데 더 중요함을 뼈저리게 느낍니다. 이때 맹자의 말, 즉 말조심 그중에서도 '타인의 나쁜 점을 말하는 것'에 대해 잘 통제하라는 것을 잘 기억한다면 우리는 후환 없는, 고통 없는 그리고 쓸데없는 일에 휘말리지 않으면서 자신의 일상을 잘 보존할 수 있을 것입니다.

돈과 명예로는 절반도 해결할 수 없다

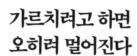

가르치려고 하면
오히려 멀어진다

아버지가 아들을 향해 선을 행하라고 질책해선 안 된다

父子之間 不責善
부자지간 불책선

공손추가 물었습니다.

"군자가 자기 자식을 가르치지 아니함은 무엇 때문입니까?"

맹자가 답했습니다.

"가르치는 사람은 반드시 바르게 행하라고 가르치지만

바르게 행하라고 가르쳐도

그대로 실행하지 않으면 자연 노여움이 따르고,

이때 성을 내어 타박하면 도리어 가르침을 해치게 됩니다.

자식은 생각하기를,

아버지는 나에게 바르게 행하라고 가르치지만

아버지 역시 바르게 행하지 못한다고 느끼게 되어,

도리어 부자간의 정이 상합니다.

결국 부자가 서로에게 해를 끼치게 되는 것입니다.”

公孫丑曰(공손축왈) 君子之不敎子(군자지불교자) 何也(하야) 孟子曰(맹자왈) 敎者(교자) 必以正(필이정) 以正不行(이정불행) 繼之以怒(계지이노) 繼之以怒則反夷矣(계지이노즉반이의) 父子(부자) 敎我以正(교아이정) 父子(부자) 未出於正也(미출어정야) 則是父子相夷也(즉시부자상이야) 父子相夷則惡矣(부자상이즉오의)

—《맹자》,〈이루〉 중에서

당신은 자녀를 키우는 부모입니다. 가끔은 예전 실력을 발휘해서 아이에게 공부를 가르쳐 볼까 하는 생각을 합니다. ‘그깟 인수분해 정도인데… 이정도야 내가 제대로 가르쳐 줄 수 있지 않을까? 학원

보낼 돈 아껴서 여행을 갈 수도 있고, 이거야말로 일거양득이 아닌가?' 아이를 불러서 '이제부터 아빠가 수학 가르쳐 줄게. 학원? 가지마!'라고 호기롭게 외칩니다.

혹시 부모인 분 중에 이런 경험을 한 적 있으신지요. 있을 겁니다. 하지만 그 결과는 어떠했나요. 과외비를 아껴서 여행을 가고, 아이는 공부에 흥미를 갖게 되고… 이런 아름다운 결말을 기대하셨을 테지만, 과연 그러했나요. 아닐 겁니다. 괜히 아이가 더 미워지고, 화를 내고, 결국에는 성질만 버럭 내고 가르침을 멈췄던 기억이 있을 겁니다.

도대체 왜 이렇게 된 걸까요. '내 자식 내가 가르치는 것'은 왜 잘 안되는 걸까요. 사랑으로 가르치려고 하는데 왜 오히려 미움만 남게 된 걸까요. 이제 그 이유를 확인해 보도록 하겠습니다.

∞

공자는 과연 아들을 어떻게 가르쳤을까?

공자와 맹자는 중국의 유교 사상에서 가장 중요한 인물 중에서도 절대 빼놓을 수 없는 두 명입니다. 참고로 공맹(孔孟)이라고 할 정도로 공자와 맹자를 유사 학파 혹은 같은 학파로 보기도 하지만 사실 둘은 조금 다릅니다. 맹자는 공자가 이끌었던 그룹에 속한 것은 아니었으며 사상에도 차이가 있습니다.

공자는 교육과 인격 육성에 대한 중요성을 강조하고, 인간관계에서 예의와 도덕적 행동을 중시했습니다. 반면에 맹자는 인간 성격의 선천성을 강조하고, 인간의 본성을 발달시키기 위해 교육과 사회적 지원의 역할을 강조합니다. 공자와 맹자는 유교 사상의 중요한 인물로 인정되지만, 그들의 사상과 방법은 서로 다른 것도 사실입니다.

어쨌거나 이 두 인물은 동양 사상의 큰 기둥으로서 수천 년이 지난 지금까지 영향력을 발휘하고 있음은 부인할 수 없습니다. 특히 학문에 관한 한 이 두 명을 제외하고 좁게는 중국 철학, 넓게는 동양 철학을 이야기할 수가 없을 정도이니까요. 그런데 이들 중에서 공자와 공자의 아들에 관한 이야기가 흥미롭습니다. 이런 이야기가 있습니다.

공자에게는 공리(孔鯉)라는 아들이 있었답니다. 공자 제자 중에 진(陳)나라 귀족 출신 진항(陣亢)이라는 제자는 공자의 아들 공리보다 몇 살 아래 친구였고요. 위대한 스승의 아들은 뭔가 아버지로부터 특별한 교육은 받고 있지 않을까, 진항이 궁금했나 봅니다. 공리에게 물었습니다. "당신은 아버지로부터 어떻게 특별한 교육을 받았습니까?"

돈과 명예로는 절반도 해결할 수 없다

진항은 분명 뭔가 특별한 것이 있을 것으로 기대하고 물었을 것입니다. 하지만 공리의 대답은 의외로 간단했습니다.

"아버지께서 《시경》을 읽었느냐고 물으셨습니다. '아직 읽지 못했습니다'라고 했더니 《시경》을 공부하지 않으면 사람들과 사귀지 못한다고 하셨습니다. 그때 아버지의 걱정을 듣고 《시경》을 공부하기 시작했습니다. 며칠 후 다시 《예기》를 공부하였느냐. 《예기》를 공부하지 않으면 세상에서 처세할 수가 없게 된다고 아버지께서 말씀하셨습니다. 저는 물러나 《예기》를 공부했습니다."

공자가 직접 아들을 가르쳤다는 말은 전혀 나오지 않습니다. 과제물을 했는지 확인한 것도 아니요, 따로 쪽지 시험을 본 것도 아니었습니다. 공부하라고 윽박지른 것도 아니고, 특수 교재를 제작하여 은밀히 건넨 것도 아니고요. 그렇다면 공자는 자기의 아들 공리에 대해 별다른 관심이 없었던 것일까요.

아닙니다. 부모에게 모든 자식은 다 귀합니다. 많은 부모가 자식에게 집착하는 이유도 귀하고 귀한 자식이 행여 불행해질까 두렵기 때문입니다. 공자도 마찬가지였을 겁니다. 성인이라고 예외가 아닙니다. 공자 또한 자식의 교육에 열과 성을 다하고 싶었을 것입니다. 하지만 아들을 가르치는 공자의 교육 현장은 담백하다 못해 심심합니다.

당시 공자는 수많은 제자를 거느린 최고의 스승이었습니다. 그 정도 인물이라면 아들에게 뭔가 특별하고 비밀스러운 교육을 원하지 않았을까, 하는 기대를 완전히 뒤집습니다. 왜 이랬던 것일까요. 우리가 이제 살펴볼 맹자의 이야기에서 공자와 공자의 아들 사이에서 벌어진 일에 대한 힌트를 찾을 수 있습니다.

자식을 서로 바꿔 가르쳤던 이유

공손추(公孫丑)는 맹자의 제자 중에서도 애제자였습니다. 《맹자》에도 공손추에 관한 하나의 장(章)이 있을 정도고요. 그 부분은 공손추의 질문으로 시작하여 공손추의 질문으로 끝나는데, 대체로 맹자가 제나라에 왔다가 떠날 때까지의 일들이 차례대로 배열되어 있습니다. 맹자라는 인물을 머리에 떠올리면 생각나는 '호연지기(浩然之氣)', '사단'의 내용도 수록되어 있습니다.

돈과 명예로는 절반도 해결할 수 없다

공손추가 어느 날 맹자에게 묻습니다. "군자가 자기 자식을 가르치지 아니함은 무엇 때문입니까?" 공손추도 공자가 자기의 아들을 직접 가르치지 않는 것을 보았던 것일까요. 아니면 당대의 학자들이 유독 자신들의 자녀에 대해 특별한 교육을 직접 행하지 않는 것에 의문을 지니게 되어서 이런 질문을 했던 것일까요. 맹자의 대답은 이러했습니다.

"가르치는 사람은 반드시 바르게 행하라고 가르치게 되지만 바르게 행하라고 가르쳐도 그대로 실행하지 않으면 자연 노여움이 따르게 되고, 이때 성을 내어 타박하면 도리어 가르침을 해치게 됩니다.

자식은 생각하기를, 아버지는 나에게 바르게 행하라고 가르치지만 아버지 역시 바르게 행하지 못한다고 느끼게 되어, 도리어 부자간의 정이 상합니다. 결국 부자가 서로에게 해를 끼치게 되는 것입니다."

간결하지만 핵심이 가득 들어간, 부모와 자녀 간 교육에 관한, 더 나아가 관계에 관한 이야기가 아닐까 합니다. 한 아버지가 아들을 불러 '선한 일을 하라'라고 다그칩니다. 아들은 이에 순응하려 하지만 자기 마음대로 안 될 때도 있습니다. 어쩔 수 없이 어기는 경우가 생깁니다. 그런 모습을 보고 아버지가 성을 냅니다. 요즘 말로 하면 '너 그러지 말라고 했지!' 정도 아닐까요.

아버지의 역정을 온몸으로 받아들이던 아들은 문득 아버지 역시 그리 바르게 사는 것 같지 않다는 생각을 합니다. 어머니에게 말하는 태도, 친구들과의 관계 그리고 사생활 등에 이르기까지 말입니다. 반감이 생깁니다. '당신부터 잘할 일이지….' 그때부터 아버지의 애정 가득한 조언이 불편한 간섭으로 느껴집니다. 반항도 하게 되고요. 그렇게 관계에 금이 가게 됩니다.

물론 아들의 학문적 성숙도 중요합니다. 하지만 생각해 보시죠. 학문을 닦기 위해 부모와 자녀의 관계가 엉망이 되는 것을 감수할 수 있나요. 아니, 학문을 그만두고라도 부모와 자녀의 관계는 믿음과 신뢰, 사랑으로 가득한 게 오히려 정상 아닐까요. 무엇인가를 가르치려 들다가 관계를 훼손하는 것, 과연 받아들일 만한가요.

맹자의 결론 역시 마찬가지입니다.

> "그러기에 옛날 사람들은 자식을 서로 바꿔 가르쳤습니다.
> 부모와 자녀 간에는 서로 잘못했다고 질책하지 않아야 합니다.
> 잘못을 꾸짖으면 사이가 멀어지게 되니,

돈과 명예로는 절반도 해결할 수 없다

사이가 멀어지면 그보다 더 큰 불행이 없기 때문입니다."

古者(고자) 易子而教之(역자이교지) 父子之間(부자지간)
不責善(불책선) 責善則離(책선즉리) 離則不祥(이즉불상)
莫大焉(막대언)

부모로서 자녀에게 정도를 가르치고 싶은 마음은 인지상정입니다. 하지만 정도로 가르쳤음에도 자식이 행하지 않으면 노여움이 뒤따르게 됩니다. 노여움이 뒤따르면? 도리어 자식의 마음을 상하게 합니다. 거기에 부모의 모습이 자녀에게 잘못 보이면? 자식은 마음속으로 '아버지는 나에게 정도로 가르치면서 아버지는 왜 정도대로 행동하지 않는 걸까?'라고 생각합니다.

맹자의 이야기로부터, 부모의 자식에 대한 불만이 혹은 자식의 부모에 대한 불만이 서로 완전함을 요구하는 것은 아닌지 돌아볼 일입니다. 부모 자녀 간은 의보다 사랑이 우선이라는 점, 그러니 무엇인가를 가르치고자 한다면 좋은 사람을 찾아 그 가르침을 위탁하는 것이 오히려 지혜로운 일이라는 걸 기억하면 좋겠습니다.

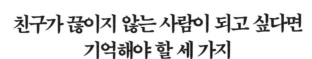

친구가 끊이지 않는 사람이 되고 싶다면
기억해야 할 세 가지

귀한 사람을 귀하게 여기고 현명한 사람을 존중하는 것은 그 뜻이 같다

貴貴尊賢 其義一也
귀귀존현 기의일야

만장이 물었습니다.

"감히 벗에 관해서 묻겠습니다."

맹자가 답했습니다.

"나이가 많음을, 높은 신분을 내세우지 않으며,

형제를 내세워 자랑하지 않는 것이 벗이 되는 길입니다.

벗이란 그 덕을 벗하는 것이니, 내세움이 있어서는 안 됩니다."

돈과 명예로는 절반도 해결할 수 없다

萬章問曰(만장문왈) 敢問友(감문우) 孟子曰(맹자왈) 不挾
長(불협장) 不挾貴(불협귀) 不挾兄弟而友(불협형제이우)
友也者(우야자) 友其德也(우기덕야) 不可以有挾也(불가이
유협야)

_《맹자》, 〈만장(萬章)〉 중에서

친구라는 말보다는 '벗'이란 말이 더 따뜻합니다. 벗이라는 말에는
유형의 격식이 사라진 것 같아 마음이 편합니다. 벗이란 사전적 의
미로 '비슷한 또래로서 서로 친하게 사귀는 사람'을 일컫는데, 비슷
한 나이의 친한 사람이라니… 말만 들어도 마음이 편합니다. 진정한
벗 한 명만 있어도 세상을 살아가는 게 참 여유로울 듯합니다.

하지만 벗을 만들고 또 그 관계를 유지하는 건 생각만큼 쉽지 않
습니다. 특히 벗을 만드는 것보다 벗과 관계를 잘 유지하기가 더욱
어렵습니다. 서로의 경험이 다른 상황에서 오로지 편함만을 기대하
기 때문에 일어나는 문제일 겁니다. 벗의 의견을 존중하고 또 이해
하면서 새로운 경험을 함께 만들어야 하는 과정이 만만치 않습니다.
벗을 어떻게 만들고 또 지내야 할까요.

내세움이 괴로움이 될 때

만장(萬章)은 중국 제나라 사람으로 맹자의 제자 중 한 명입니다. 그가 어느 날 맹자에게 물었습니다. "감히 벗에 관해서 묻겠습니다." 그에게 친구가 생겼나 보죠? 타인과 어떻게 관계를 맺는가에 대해서 궁금증이 생겼나 봅니다. 질문 당시에 벗과의 관계가 어려웠을 수도 있겠고요. 맹자의 답은 이러했습니다.

> "나이가 많음을, 높은 신분을 내세우지 않으며,
> 형제를 내세워 자랑하지 않는 것이 벗이 되는 길입니다.
> 벗이란 그 덕을 벗하는 것이니 내세움이 있어서는 안 됩니다."

不挾長(불협장) 不挾貴(불협귀) 不挾兄弟而友(불협형제이우) 友也者(우야자) 友其德也(우기덕야) 不可以有挾也(불가이유협야)

원문에 보면 '挾(협)'이라는 한자가 보입니다. 이 단어가 반복되는데 뜻은 '끼다, 내세우다'라고 합니다. 즉, 벗이 되고 싶다면 낄 때 끼고, 빠질 때 빠질 줄 아는 일종의 '센스'가 필요하다는 말일 겁니다. 소위 '낄낄빠빠'가 필요한 것이죠. 그렇다면 무엇을 두고 낄 때 끼고 빠질 때 빠져야 '잘한다'라는 말을 들을 수 있을까요. 맹자는 세 가지를 말합니다.

첫째, 나이가 많음을 내세우지 말 것.
둘째, 신분의 우위를 내세우지 말 것.
셋째, 친족의 우위를 내세우지 말 것.

신기합니다. 수천 년 전에도 2023년을 살아가는 오늘날 우리가 여전히 겪고 있는 문제를 겪었다니 말입니다. 나이가 많다면서 말을 함부로 하는 사람, 자신의 직위가 높다고 거들먹거리는 사람, '우리 아버지가 누군지 알아!'라면서 자신의 친족 관계의 우위를 뽐내는 사람…. 그런 사람들과 관계를 맺고 싶은 사람은 예나 지금이나 단 한 명도 없을 겁니다.

맹자는 세 가지로 말했으나 사실은 단 하나의 화두를 우리에게 던진 것 아닌가 합니다. 그건 바로 '벗 앞에서는 그 어느 것도 내세우려는 마음을 갖지 말 것'이라는 겁니다. 벗을 사귐에는 이해가 아닌 덕을 보고 사귀어야 하고, 이해관계가 아닌 덕의 관계로 사귀어야 한다는 것입니다. 내세움은 상대방에게 괴로움으로 여겨지기 쉽기 때문입니다.

'내세움', 이것 하나를 조절하는 게 그토록 어렵다니 안타깝습니다. 수천 년이 되도록 해결하지 못한 인간관계의 문제인 것이죠. 하지만 우리는 여기에서 오히려 하나의 교훈을 얻을 수 있습니다. 내세움만 잘 조절해도 친구가 끊이지 않는 기회가 올 것이리라는 것입니다. 내세우지만 않아도 인간관계는 긍정적 마디를 만들면서 오히려 성장할 수 있습니다.

나이가 많다고, 지위가 높다고, 배경이 든든하다고 벗에게 자랑하는 순간 모든 인간관계가 끝이 나는 것이라는 사실, 이것만 알아도 주변에 좋은 사람들이 다가옵니다. 다가온 사람과 평화로운 인간관계를 맺을 수도 있고요. 물론 이렇게 벗을 만들고 관계를 유지한다는 것은 노력이 필요한 과정이라는 점도 인정합니다. 당연히 어려운 일입니다.

하지만 벗을 만들기 위해서는 '내세움을 덜어 낸' 우리가 먼저 적극적으로 다가가야 할 것이고, 상대방에게 관심을 가지고 존중해야 하며 결국 서로 솔직하게 대화할 수 있는 분위기를 만들어야 합니다. 이를 통해 서로를 지지하고 도와주는 관계를 형성해 나가면서 서로의 성장을 위해 도움이 되는 사람으로 각자 발전함은 물론이고요.

귀하게 여길수록 대접받는다

맹자의 생각은 단순히 벗의 많고 적음에서 그치지 않습니다. 벗을 만들고 또 그 관계를 유지하면서 배운 것을 벗과의 관계뿐만이 아닌 사회적 질서와 내면적 질서에 있어서도 그 교훈으로 삼으라고 합니다.

> "아랫사람으로서 위를 공경하는 일을 '귀한 이를 귀히 여김
> (貴貴, 귀귀)'이라 이르고, 윗사람으로서 아랫사람을 공경하
> 는 일을 '어진 이를 존경함(尊賢, 존현)'이라고 부릅니다. 귀
> 귀와 존현은 그 뜻이 같습니다."
>
> 用下敬上(용하경상) 謂之貴貴(위지귀귀) 用上敬下(용상경
> 하) 謂之尊賢(위지존현) 貴貴尊賢(귀귀존현) 其義一也(기
> 의일야)

맹자는 벗을 만들고 사귀는 목표를 단순히 개인 차원에서 끝내지 않았습니다. 벗이란 사회에서 어떻게 살아가야 할지를 설명하기 위한 하나의 사례였던 겁니다. 맹자에 따르면 어쩔 수 없이 상하 수직

적 구조가 발생할 수밖에 없는 사회 속에서 아랫사람과 윗사람은 각자 맡은 바 최선의 노력을 다하는 게 옳습니다. 그래야 사회가 돌아갑니다.

그렇다면 맹자는 오로지 귀한 것, 예를 들어 자신보다 우위에 있는 사람을 귀하게 여기라고 한 걸까요. 아닙니다. 맹자는 윗사람 역시 아랫사람의 어질고 성실함을 존중하라고 합니다. 즉, 아랫사람은 윗사람에 대해 인정해야 하고, 윗사람은 아랫사람에 대해 배려의 태도로 존중해야 사회적 질서가 잘 형성되는 겁니다.

비록 차이가 나는 신분이지만 서로를 존중하고 배려하는 것, 이렇게 살아갈 수만 있다면 세상은 조금 더 나아지지 않을까요. 이는 각자 나름의 절제와 함께 타인에 대한 배려가 끊이지 않는 곳, 즉 문화가 잘 정돈된 곳임을 의미합니다. 반대로 존중과 배려가 사라진 사회에서 산다는 건 생각만 해도 끔찍합니다.

'귀귀'와 '존현'의 마음은 우리가 올바른 문화로 꽉 들어찬 사회에 살 수 있게 하는 원동력입니다. 이를 무시한다면 교양 없는 사람만 가득한 사회일 것이고요. 최소한의 교양인이 되기를 원한다면 절제와 배려가 몸에 배어 있어야 합니다. 돈과 명예가 교양의 수준을 '레벨업' 시켜 주지는 않을 테니까요.

귀하게 여겨지는 사람, 존경받는 사람, 거기에 현명한 교양인….

우리가 되고자 하는 사람 아닐까요. 이런 사람은 말이 아닌 행동을 통해 실천하며 또한 겸손할 겁니다. 교양인인 채 남을 무시하는 사람이라면 그 사람은 천박한 사람입니다. 위로 아래로, 존경하고 배려하며, 교양인이 되어야 하는 이유는 지적 능력을 향상하기 위함만이 아닌, 타인과 더불어 공존하면서 잘 살아가기 위함입니다.

절제와 배려, 이 두 가지를 염두에 두면서 살아간다면 어느새 주변에는 좋은 사람들로 가득해질 겁니다. 맹자는 그것을 귀귀와 존현으로 표현했고요. 맹자의 가르침을 통해 자신의 주변부터 존중하고 배려해 보면 어떨까요. 상대방을 귀하게 여겼을 때 우리에게 돌아오는 것은 '존경'일 테니까요.

【 3장 】

세상 보는 눈이 달라지는 공부는 따로 있다 —— 공자

공자
孔子

공자(기원전 551년~기원전 479년)는 유교의 시조인 고대 중국 춘추 시대의 정치가, 사상가 그리고 교육자입니다. 이름은 구(丘), 자는 중니(仲尼)로, 정치적으로는 삼황오제의 이상적 정치와 조카를 왕으로서 성실하게 보필한 주공 단의 정치 철학을 지향하면서 뜻을 펴려고 전국을 주유하였으나, 그의 주장에 귀를 기울이는 왕이 없자 말년에 고향으로 돌아와 후학 양성에 전념하다 생을 마칩니다.

공자는 노나라의 시골인 창평향(昌平鄕) 추읍(陬邑)에서 부친 숙량흘과 모친 안징재 사이에 태어납니다. 참고로 숙량흘이 안징재를 만났을 당시 숙량흘은 60대 후반이었고 안징재는 16세의 소녀였다고 하는데, 아버지는 무사였고 어머니는 낮은 신분의 무녀였답니다. 어려서 아버지가 사망한 후 어머니가 홀로 공자를 키웠는데, 경제적으로 어려운 상황에서 설상가상으로 어머니의 눈이 멀게 되어 생활 형편은 더욱 나빠졌다고 하네요.

공자는 자신이 사생아로 취급받자 아버지의 자손, 즉 귀족임을 인정받는 것이 필생의 목표였다고 합니다. 이를 위해 공자는 글과 지식으로서 인정받으려 하는데, 그래서인지 예로부터 내려오는 전통적 종교 의례, 제도, 관습 등에 밝았답니다.

배움의 축적을 위한 공자의 노력은 결국 30세 무렵, 노나라에서 가장 박식한 사람으로 유명해지면서 결실을 맺습니다. 이후 그는 학당을 열어서 학생들을 가르쳤으며 그의 명망은 차츰 천하 각국으로 퍼져 나갑니다. 그에게 배움을 청하는 제자들이 구름처럼 모여들게 되어 훗날 그 수가 3,000명을 넘어섭니다. 말 그대로 중국, 아니 동양 철학계의 슈퍼스타로 등극하게 된 것이죠.

아쉽게도 현실에서 공자의 사상은 실현되지 못합니다. 하지만 이후 증자 등을 거쳐 맹자에 이르러 공자의 사상은 체계화되고, 한 무제 이후 중국의 사상계를 지배한 가장 커다란 흐름을 이룹니다. 이후에 우리나라는 물론 일본, 베트남 등 동아시아의 정치 그리고 사상에 지대한 영향을 주었습니다.

허물은
숨길수록 드러난다

고치면 남들이 모두 우러러본다

更也 人皆仰之
경야 인개앙지

자공이 말했습니다.

"군자의 허물은 일식이나 월식과 같습니다.

잘못을 저질러도 모두 그것을 보고,

잘못을 고쳐도 모두 그것을 우러러봅니다."

子貢曰(자공왈) 君子之過也(군자지과야) 如日月之食焉(여

일월지식언) 過也(과야) 人皆見之(인개견지) 更也(경야) 人
皆仰之(인개앙지)

_《논어》,〈자장(子張)〉중에서

'추앙'이라는 말이 한때 유행했습니다. 어감도 어려운 추앙이라는 단어가 사람들의 입에 오르내리게 된 건 어떤 드라마의 대사 때문이었습니다.

"사랑만으로는 안 돼, 날 추앙해."

높이 받들어 우러러봄. 사전적 의미처럼 추앙은 '신을 추앙하다'라고 쓸 때나 어울리는 단어입니다. 이렇게 딱딱한 단어가 어떻게 거부감 없이 시청자들에게 어필된 것일까요.

누군가는 이렇게 해석했습니다. "사랑이란 단어만으로는 자신의 욕망을 충족하기가 힘든 세상이 되어 버려서 그렇다." 존경이라는 단어를 굳이 '리스펙'이라고 해야 하는 시대가 된 것처럼 말입니다. 동의합니다. 자신의 결핍을 채우고자, 비일상적인 단어를 통해서라도 자신의 마음을 채우려는 현대인의 발버둥이 안타깝습니다.

그래도 이왕 이렇게 된 거 그깟 추앙 한번 받도록 해 보죠. 추앙을 받기 위해서는 어떻게 해야 할까요. 무작정 추앙을 상대에게 요구하면 될요. 누군가가 자신을 추앙의 대상으로 여기게 만들려면 해야

세상 보는 눈이 달라지는 공부는 따로 있다

할 일은 도대체 어떤 것일까요. 공자의 책《논어》로부터 해답을 찾아봤습니다. 그 해답은 단순했습니다. '당신의 허물을 고치면 된다.'

허물을 고치는 사람과 그렇지 않은 사람

태양이나 달은 우리의 생존에 없어서는 안 될 것들입니다. 단 한 순간이라도 이것들에 이상이 생긴다면 그건 바로 인류의 종말을 의미하는 것이니까요. 그러니 이 태양과 달을 두고 고마운 마음을 가지지 않는 사람은 없을 것입니다. 그 무조건적인 사랑과 위대한 힘을 우러러보지 않을 사람도 없을 것이고요. 그러나 사람들은 평소에 해나 달의 고마움을 거의 잊고 삽니다.

평소에 해와 달을 우러러 쳐다보는 일이 있으신지요. 거의 없습니다. 그런데 만약 해와 달에 어떤 이상이라도 생긴다면, 걱정하는 마음으로 해와 달을 주목하게 될 수밖에 없게 되겠죠. 태양과 달에는 어떤 이상이 생길 수 있을까요. 일식과 월식이 있을 겁니다. 다행스럽게도 일상에는 크게 영향을 미치지 않으나 그래도 그 진행의 형태만으로도 경이롭습니다.

우리가 사는 세상과 관계도 마찬가지 아닐까요. 평소에 군자의 덕행에 큰 관심을 보이는 사람은 별로 없습니다. 그러나 만약 군자에게 허물이 있는 것이 드러나면 사람들의 시선은 군자에게 집중됩니다. 때로는 욕하고 때로는 연민하면서 일식이나 월식을 구경하듯이 군자의 허물을 세밀하게 지켜봅니다. 이렇게 모두가 나서서 지켜보기 때문에 군자가 잘못을 범하게 되면 빠져나갈 틈이 없습니다.

군자가 되고자 하는 당신, 군자 취급을 받는 것을 넘어 '추앙'의 대상이 되고자 하는 당신, 이럴 땐 도대체 어떻게 할까요. 공자는 이렇게 대답합니다.

군자의 허물은 일식이나 월식과 같습니다.

잘못을 저질러도 모두 그것을 보고,

잘못을 고쳐도 모두 그것을 우러러봅니다.

君子之過也(군자지과야) 如日月之食焉(여일월지식언) 過也

(과야) 人皆見之(인개견지) 更也(경야) 人皆仰之(인개앙지)

인간의 잘못은 모두 일식과 월식과 같은 것입니다. 잘못하면 사람들이 모두 그것을 보고, 잘못을 고치면 사람들이 모두 앙망, 즉 추앙

세상 보는 눈이 달라지는 공부는 따로 있다

합니다. 이 말로부터 우리는 여러 가지 의미를 얻을 수 있습니다. 일식과 월식은 해와 달의 잘못일까요. 아닙니다. 그저 자신의 시간과 장소에서 자연스레 일어난 일일 뿐입니다.

중요한 건 태양과 달이 여전히 그 자리에서 우리가 바라는 것을 잘 줄 수 있느냐의 문제입니다. 사람도 마찬가지입니다. 순간적으로 일어나는 잘못에 대해 바로 깨닫고 제자리로 돌아올 수만 있어도 잘못을 용서받을 수 있습니다. 하지만 자신의 잘못을 알아채지 못하거나 알고서도 고치려고 하지 않기에 문제가 생깁니다.

참고로 "군자의 허물은 일식이나 월식과 같다. 잘못을 저질러도 모두 그것을 보고, 잘못을 고쳐도 모두 그것을 우러러본다"라고 한 사람은 공자가 아닌 그의 제자 자공의 말이 《논어》에 수록된 겁니다. 그는 위나라 출신으로, 공자보다 31살이나 연하였는데 언변이 뛰어나고 정치적 수완도 좋아 노나라 등에서 재상을 지냈답니다. 장사에도 재능을 지녀 공자의 경제적 후원자이기도 했고요.

남의 장점을 칭찬하기를 좋아했고, 능력 또한 비범하였기에 '공자보다 자공이 더 낫다'라는 소리까지 들을 정도였답니다. 이러했던 자공의 말이 《논어》에 실릴 수 있었던 이유는, 군자라면 자신의 과실을 깨닫고 곧바로 고친다는 점에 대해 일식과 월식의 비유를 들어 강조한 자공의 생각이 현명했기 때문이 아닐까 합니다.

잘못은 저지를 수 있습니다. 잘못을 저지르고도 고치지 않는 것이 허물일 뿐입니다. 잘못을 저질렀다면 곧바로 고치면 됩니다. 사람들은 그 모습을 보고 감탄하고 또 존경하게 됩니다. 허물을 고치고 다시 군자의 의연한 모습을 갖추면 사람들의 시선은 다시 평상으로 돌아갑니다. 아니죠. 그렇게 '자기 갱생'에 능한 사람을 추앙의 대상으로 삼으려 할 것입니다.

∞

대인으로 대접받을 것인가, 소인으로 취급받을 것인가

〈나는 네가 지난여름에 한 일을 알고 있다〉라는 영화가 있습니다. 1998년에 개봉된 공포 영화로, 내용은 단순합니다. 젊은 남녀 넷이 휴일에 바닷가로 드라이브를 가게 되는데 운전 중에 사람을 칩니다. 경찰에 신고하느냐 마느냐로 다투던 네 사람, 은폐하기로 결론을 내리고 시체를 바다에 유기합니다.

1년 후, 네 명 중 한 명의 집에 "지난여름 있었던 일을 알고 있다"라고 쓰인 편지가 옵니다. 그리고 그때부터 무서운 일들이 벌어집니다. 이 모든 일은 잘못을 고치려는 대신 숨기려는 바로 그 순간부터 시작되었습니다. 큰 잘못을 저질렀음에도 은폐하고 아무렇지도 않은 척해봐야 결국 비극적 결말만 있게 된다는 교훈을 주는 영화죠.

우리의 삶도 마찬가지 아닐까요. 특히 세상에 이름을 남기고 싶다면 더더욱 고민해야 할 대목입니다. 요즘 세상은 어떤가요. 다양한 미디어가 발달해서 누군가의 잘못이든 언제든 실시간으로 만천하에 드러날 수 있습니다. 잘못할 수 있습니다. 오판을 내릴 수도 있고 유혹에 흔들릴 때도 있기 마련이죠.

하지만 일식이나 월식처럼 모든 것은 영원하지 않습니다. 곧 그림자에서 벗어나 다시 밝고 환해질 수 있습니다. 우리가 일식이나 월식을 본다고 가정해 볼까요. 자연의 경이로움을 느끼는 순간은 언제입니까. 일식과 월식, 그 자체를 보고 박수를 보내나요. 아닙니다. 해와 달이 어둠에 잡아먹히는 순간이 아니라 그 어둠을 벗고 다시 환한 모습을 되찾을 때입니다.

진짜 군자, 진짜 어른이 되고자 한다면 일상에서 늘 저지를 수 있는 잘못 그리고 허물을 바로 알아차리고 그것을 고쳐 바로잡을 수 있어야 합니다. 그렇지 않고 계속 혼미함 속에 빠져 있다면 어른이라고 하기 힘듭니다. 존경받는 것은 불가능합니다. 남을 의식하기에 앞서 자신을 먼저 돌아보아야 할 이유입니다.

우리는 완벽한 인간이 아닙니다. 자공의 말처럼 군자 역시 결국

공자

실수투성이에 좌충우돌하는 우리네와 크게 다르지 않습니다. 그럼 그와 우리가 같나요? 아닙니다. 다릅니다. 그런데 그 다름의 수준, 즉 군자와 우리를 가르는 결정적인 차이는 매우 작습니다. 그 차이는 자신의 허물에 대처하는 방법에서 드러나는 것이죠.

어떻게든 자신의 허물을 숨기기 위해 안간힘을 쓰는 우리의 태도와는 정반대입니다. 군자는 자신의 허물이 드러난 자리를, 허물을 고칠 수 있는 절호의 기회로 삼아 버립니다. 자신을 바라볼 줄 아는, 자신을 고쳐 낼 수 있는 일종의 용기입니다. 이 태도가 군자인지 어른인지, 아니면 소인인지 그저 그런 사람인지를 구분하는 기준이 됩니다.

세상이 당신에게 "나는 당신이 지난여름에 한 일을 알고 있습니다"라고 말하는 것을 기억해야 합니다. 물론 이 말 뒤에는 다음과 같은 말이 이어져야 하겠지만 말이죠. "잘못이 있었음에도 바로 고쳐서 더 나은 사람으로 변하는 모습, 멋졌습니다. 존경합니다. 아니 추앙합니다."

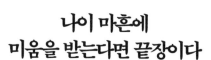

나이 마흔에
미움을 받는다면 끝장이다

나이 마흔에 다른 사람의 미움을 받는다면 끝장이다

年四十而見惡焉 其終也已
연사십이견오언 기종야이

공자께서 말씀하셨습니다.

"나이 마흔에 다른 사람의 미움을 받는다면 끝장이다."

子曰(자왈) 年四十而見惡焉(연사십이견오언) 其終也已(기

종야이)

—《논어》,〈양화(陽貨)〉중에서

직장에서 리더 역할을 하는 분들의 고민은 이러합니다. 젊은 직원들에게 업무에 대해 말할 때 섣부른 지식이나 질책을 할 수 없어서 답답하다고요. 말 한번 잘못했다간 바로 '꼰대'로 몰리기 때문이랍니다. 학교도 마찬가지라고 하더군요. 선생님이 학생의 잘못을 지적하거나 가르치려면, 많이 조심해야 한다는 것이죠. 왜냐고요? 잘하려고 하다가 자칫 고발을 당할 수도 있으니까요.

서로 조심해서 말하는 건 나쁘지 않습니다. 하지만 문제가 있습니다. 직장과 학교에서 벌어지는 이런 일들이 결국 사회적인 안전에도 나쁜 영향을 준다는 겁니다. 예를 들어 볼까요. 지하철에서 누군가 싸웁니다. 이때 우리가 할 일은 무엇일까? 과거라면 사람들이 나서서 말리려고 했겠으나, 요즘에는 눈을 돌리거나 방관자가 되는 게 일반적입니다. 괜히 개입했다가 잘못하면 봉변을 당할 수 있기 때문입니다.

어쩌다 이렇게 된 걸까요. 혹시 미움받을 용기가 실종되어서 아닐까요. 이런 모습의 일차적 책임은 어른에게 있습니다. 우리 사회에 어른들이 없다는 개탄의 소리가 높은 것도 사실입니다. 왜일까요. 어른들이 악역을 담당하기 싫어하기 때문은 아닐까요. 아쉽습니다. 어른이라면 이런 때 나서서 중재하며 존경받고 싶을 테니까요.

사람은 누구나 타인으로부터 인정받고 싶어 합니다. 이는 미국의 심리학자 에이브러햄 매슬로가 주장한 인간에게 있는 다섯 가지의 욕구에서 근거를 찾을 수 있습니다. 매슬로에 의하면 인간은 생존을 위해 가장 기본적인 생리적 욕구, 그다음으로 안전 욕구, 이후로 사회적 욕구인 애정과 소속의 욕구, 자기 존중의 욕구 그리고 자아실현의 욕구를 단계적으로 추구합니다.

마지막 단계인 자기 존중의 욕구란 누군가로부터 높임을 받고, 주목과 인정을 받고자 하는 욕구입니다. 우리가 흔히들 말하는 명예욕, 권력욕 등도 이 단계에 속하며, 더 높은 차원의 자신감, 독립심, 자유 같은 자존감도 이에 속하는데, 말하자면 자기 존중의 욕구는 사회적 활동을 하는 인간으로서 자기를 완성하는 원천이며, 자신을 분출시키는 엔진이라 할 수 있습니다.

그런데 요즘 우리 사회에서는 이 자기 존중 욕구를 함부로 내세우기가 힘들어졌습니다. 개인의 인권이 괄목할 만큼 고양되고 사회적 가치가 다원화되는 건 좋은 일이지만 이로 인해 사람들의 욕구가 소극적으로 변해 버렸습니다. 타인을 존중하게 된 것은 좋으나, 공동체의 질서와 이익에 반하는 경우까지 침묵하게 된 것이죠.

거짓, 폭력, 불법 등의 행위자에 대해서는 강력한 사회적 눈총이 있어야 하고, 고개를 들고 다닐 수 없게 하여야 합니다. 그래야 오늘보다 더 나은 사회에서 살 수 있을 테고요. 그러니 우리부터 조그만

악행도 그냥 넘어가지 않는 단호함이 있어야 합니다. 더 나은 사회를 위해 미움받을 용기가 필요한 이유입니다.

미움받는 것은 괜찮으나, 미움받음에 머물러서는 곤란하다

하지만 미움받을 용기에 무작정 머물러서는 곤란합니다. 결국 미움은 사랑으로 승화되어야 하는 것이기 때문입니다. '미움을 받겠다'라고 생각하며 일상의 모든 순간을 상대방에 맞서다 보면 돌아오는 건 존경 대신 회피 혹은 전쟁일 겁니다. 특히 '미움받을 용기'가 '꼰대짓 해도 되는 무모함'으로 치환되는 건 결사반대해야 합니다.

공자 역시 이를 경계했습니다.

공자께서 말씀하셨습니다.
"나이 마흔에 다른 사람의 미움을 받는다면 끝장이다."

子曰(자왈) 年四十而見惡焉(연사십이견오언) 其終也已(기종야이)

마지막 문구, 기종야이(其終也已)에서 종(終)을 조금 세게 발음해 볼까요. '쫑'으로 발음됩니다. 우리가 은어처럼 사용하는 말이 있습니다. '쫑나다.' 물론 바른 표준어가 아닙니다. '끝나다'라고 쓰는 것이 적절합니다. 하지만 우리가 이 순간만큼은 조금 된소리 발음을 해야 오히려 그 의미가 강하게 다가옵니다. 다시 한 번 읽어 보시죠.

'기쫑야이.'

그렇습니다. 나이 마흔이 되어서까지 누군가의 미움을 받고 있다면, 그 사람은 말 그대로 '쫑'나 버립니다. 예를 들어 볼까요. 한 회사의 리더가 부하 직원의 책임감 없는 행동에 울컥 화부터 냅니다. 자연스러운 감정 아니냐고 반문할 수 있습니다. 하지만 자신도 모르게 욱하는 심리를 스스로 용인해서는 공자의 말처럼 '쫑'날 수가 있습니다.

공자의 말 중에 유명한, 누구나 다 아는 말이 있습니다. 〈위정〉편에 있는 유명한 글이 그것입니다.

나는 열다섯 살에 학문에 뜻을 세웠고, 서른 살에 자립하였으며, 마흔 살에는 미혹되지 않았고, 쉰 살에는 천명을 알게 되었으며, 예순 살에는 듣는 대로 이해가 되었고, 일흔 살에는 마음이 하고 싶은 대로 따라도 법도를 넘지 않았다.

吾十有伍而志于學(오십유오이지우학) 三十而立(삼십이립)
四十而不惑(사십이불혹) 伍十而知天命(오십이지천명) 六十
而耳順(육십이이순) 七十而從心所欲(칠십이종심소욕) 不踰
矩(불유구)

굳이 《논어》를 읽어 보지 않은 사람이라도 익히 알고 있는 말일
겁니다. 그런데 저는 특히 마흔의 나이에 갖춰야 할 태도, 즉 불혹(不
惑)이라는 단어가 마음을 때립니다.

마흔. 제 경험을 돌이켜 봐도 결정적인 순간이었습니다. 좋은 점으
로나 나쁜 점으로나. 사회생활을 하면서 받은 스트레스가 누적되어
최고조에 이른 시기, 경제 활동을 하면서 얻은 여유로움이 풍성해진
시기, 바로 이 인생의 갈림길에서 20대, 30대처럼 좌충우돌해서는
안 되었는데 저는 몸과 마음을 모두 축내고 쓰러졌던 것 같습니다.

새로운 길을 내면서 앞으로 나아가야 했음에도 길을 내기는커녕
오히려 남들이 만들어 놓은 수많은 길들 속에서 길을 잃어버렸습니
다. 지위를 잃었고, 돈을 잃었으며, 인간관계도 잃었습니다. 그건 모
두 세상의 미혹함에 쉽게 유혹되어 버린 저의 부족함 때문이 아니
었나 싶습니다. 미혹되지 말고 오히려 기회를 얻어야 했음에도 말
입니다.

세상 보는 눈이 달라지는 공부는 따로 있다

그러기에 공자의 조언은 시간이 지난 지금 다시 되돌아보면 더욱 강렬합니다. 마흔에 접어들어서 잘못된 길로 발을 내딛으며 비롯된 것들이 아쉽습니다. 마흔은 나 자신을 단단하게 만들어야 하는 리엔지니어링의 시기였음에도 오히려 모래성처럼 쌓아 올려진 위태로운 지위와 재산을 스스로 허물고 말았으니까요.

아마 저는 마흔에 너무나 자신감이 넘쳤던 듯합니다. 유혹에 흔들리지 말고, 미움받지 말아야 할 시기에 스스로 돌아보려는 노력을 등한시했습니다. 마흔의 공자는 일종의 '백수'였다고 합니다. 여러 나라를 돌아다니며 자신을 써 줄 왕을 찾았으나 실패했죠. 하지만 그는 자신을 되돌아보고 학문적 깊이를 더하며 제자를 양성함에 힘씁니다. 그리고 마흔을 넘어 시대의 아이콘이 됩니다.

나이가 들수록, 지위가 높아질수록, 허튼 유혹을 이겨 낼 줄 알아야 합니다. 상대방을 함부로 대해도 된다는, 일종의 잘못된 미움받을 용기와의 결별이 필요합니다. 마흔에 필요한 것은 권위를 내려놓을 용기와 스스로 불완전하다고 말할 수 있는 용기이지 미움받을 용기는 아닙니다. 마흔이 되어서도 여전히 미움이나 받고 있다면 그는 공자의 말대로 '좆'난 것일 겁니다.

미움받지 않는 네 가지 방법

그렇다면 미움받지 않고 살아가는 방법은 무엇일까요. 이에 대해 공자는 다음의 네 가지를 미움받는 사례로 들고 있습니다. 군자도 미워할 수밖에 없는 상황이라고 하니, 우리와 같은 평범한 사람들에게도 마찬가지일 겁니다.

첫째, 남의 악함을 말하는 자를 미워한다.
둘째, 밑에서 윗사람을 훼방하는 자를 미워한다.
셋째, 용기만 있고 예의가 없는 자를 미워한다.
넷째, 융통성 없는 자를 미워한다.

상대방에 대해 잘 알지도 못하면서 스스로 지혜롭다고 여기며 상대방의 감추고 싶은 비밀까지 폭로하는 사람, 그래놓고는 '왜? 나는 사실을 말했을 뿐인데?'라며 반문하는 융통성 제로의 사람, 상대방에 대해 기본적 예의도 없이 불손하고 교만하게 굴면서 스스로 용기가 있다고 여기는 사람 등 말만 들어도 짜증이 납니다. 정말 최악의 인간상 아닐까요.

세상 보는 눈이 달라지는 공부는 따로 있다

공자는 이런 사람들을 보고 어떻게 말합니까. 맞습니다. '쫑났다'라고 합니다. '기종야이' 아니, '기쭉야이'가 되는 것이죠. 공자는 이 미움을 받아 끝장날 수 있는 시기를 마흔으로 둡니다. 마흔은 불혹이라 하여 주위의 유혹에 쉽게 흔들리지 말아야 할 나이라는 겁니다. 완성된 덕을 베풀고 지도자의 길로 나아가야 할 시기라는 것이죠.

그런데 그 나이에 접어들고서도 자기 잘못으로 남의 미움을 받는다면 그건 말 그대로 끝장이 난 겁니다. 선악과 시비의 판단을 스스로 결정하고 일의 결과도 스스로 책임져야 할 마흔이라면 반드시 기억해야 할 말입니다. 마흔만 기억해야 할 말일까요. 아닙니다. 스물이건, 서른이건 아니면 오십이건 마찬가지로 '기종야이'의 처지에 내몰리고 싶지 않다면 조심해야 할 일들입니다.

이제 공자가 말한 미움받을 짓을 혹시 범하고 있는지 확인해 봐야 합니다. '나는 혹시 남의 악함을 쉽게 말하고 있는 건 아닐까? 윗사람을 두고 훼방하고자 하는 건 아닐까? 용기도 없는데 예의까지 없는 사람이 내가 아닐까? 나에겐 융통성이 있는 걸까?' 이제 '미움받아도 괜찮아!'라는 무모함과 결별할 때입니다.

이득을 보거든
옳은 것인가를 생각하라

•

이익을 보게 되면 먼저 과연 이것이 옳은가를 생각하라

見得思義
견득사의

"군자에게는 생각하는 일이 아홉 가지 있다.

사물을 볼 때는 분명하게 볼 것을 생각하고,

소리를 들을 때는 똑똑하게 들을 것을 생각하고,

안색은 온화할 것을 생각하고,

용모는 공손할 것을 생각하고,

말은 충실할 것을 생각하고,

•

세상 보는 눈이 달라지는 공부는 따로 있다

일할 때는 신중할 것을 생각하고,

의심이 날 때는 물을 것을 생각하고,

화가 날 때는 화를 낸 뒤에 어렵게 될 것을 생각하고,

이득을 보게 되면 의로운 것인지를 생각한다."

君子有九思(군자유구사) 視思明(시사명) 聽思聰(청사총)

色思溫(색사온) 貌思恭(모사공) 言思忠(언사충) 事思敬(사

사경) 疑思問(의사문) 忿思難(분사난) 見得思義(견득사의)

—《논어》,〈계씨(季氏)〉중에서

　서울에서 태어나서 자란 탓인지 산이나 바다에 대한 막연한 그리움 같은 게 있습니다. 거기에 '역마살'이 섞인 저의 성격상 주말이면 훌쩍 어디론가 떠나는 건 일상을 버티게 하는 영양제와 같은 일이기도 하고요. 제주도도 좋고, 목포도 좋으며, 부산도 좋지만, 최근에는 강릉을 향하는 경우가 많아졌습니다.

　고속열차가 개통되면서 서울에서 2시간 남짓이면 갈 수 있게 되어서 더욱 그런가 봅니다. 기차에서 내리면 시장에서 한 그릇의 매운탕을 아침 삼아 먹고 바닷가로 향합니다. 곧 푸른 바다와 새하얀 파도를 만납니다. 거기에 강릉 해변에 멋지게 자리한 카페에 자리하

고서 하염없이 바다를 바라봅니다.

현실의 어려움을 마주하게 되었을 때, 너무 늦었다는 생각이 떠올라 심신이 지쳤을 때, 강릉을 여행하면서 스스로 위로하곤 합니다. 다시 시작할 수 있다고, 모두 다 잘 풀릴 거라고 자신을 다독입니다. 새로운 희망을 다시 꿈꾸게 되는 것이죠. 지나간 어제의 고통보다는 다가올 내일의 시간을 바로 바라보는 힘이 됩니다.

한참을 카페에 머무르다가 씻어 낸 마음을 채워줄 교양의 공간을 찾습니다. 오죽헌이 제격입니다. 조선 시대 대학자 율곡 이이와 어머니 신사임당이 태어난 본가 등으로 꾸며진 유적지입니다. 세계 최초로 모자(母子)가 화폐(율곡 이이는 5천 원권, 신사임당은 5만 원권)에 실린 인물이기도 합니다.

오죽헌을 찾게 된다면 아마 제일 처음 만나는 건 율곡 이이 동상일 겁니다. 그 동상을 보셨다면 석판 하나를 찾아보시길 바랍니다. 거기에는 이렇게 쓰여 있습니다.

"見得思義(견득사의)."

석판 밑쪽으로 친절하게 조그맣게 한자의 뜻이 적혀 있을 겁니다.

"이득을 보거든 옳은 것인가를 생각하라."

'이득을 얻거든'이 아닙니다. '이득을 보거든'인 것이죠. 이득이 생길 상황이 된다면 그 이득이 내 것으로 되기 전에 옳은 것인가를 생각하고 행동하라는 말, 두고두고 간직하고 지켜 내고 싶은 말입니다. 오늘을 살아가는 우리에게 이득이 생길 상황이었을 때 나에게 오는 득이 의로운 것인가 혹은 옳지 않은 건 아닌가를 생각하라는 가르침입니다.

공자가 말하는 아홉 가지 생각 기술

견득사의는 율곡 이이가 처음으로 한 말은 아닙니다.《논어》에서 공자가 한 말입니다. 공자는 군자가 생각하는 법에는 아홉 가지가 있다고 말합니다. 주고받는 거래가 일상의 법칙이 된 지금, 하나하나 곱씹어 볼 만한 내용입니다. 저는 이를 '공자가 이야기해 주는 아홉 가지 생각의 기술'이라고 말하고 싶습니다.

먼저 천천히 읽어 보세요.

1. 視思明(시사명)
2. 聽思聰(청사총)
3. 色思溫(색사온)

4. 貌思恭(모사공)

5. 言思忠(언사충)

6. 事思敬(사사경)

7. 疑思問(의사문)

8. 忿思難(분사난)

9. 見得思義(견득사의)

　　뜻을 한글로 찾아보기 전에 위의 아홉 가지를 다시 한번 차분히 읽어 보길 권합니다. 청사총, 색사온, 모사공, 언사충… 읽기만 해도 나름 리듬감 느껴지는 말입니다. 이왕이면 그 리듬을 느끼고, 말의 쓰임새가 어떨지를 생각해 본 후에 비로소 그 뜻들을 천천히 알아보는 것도 좋습니다. 이제 그 의미를 알아보기로 합니다.

1. 視思明(시사명): 사물을 볼 때는 분명하게 볼 것을 생각한다.

2. 聽思聰(청사총): 소리를 들을 때는 똑똑하게 들을 것을 생각한다.

3. 色思溫(색사온): 안색은 온화하게 할 것을 생각한다.

4. 貌思恭(모사공): 용모는 공손할 것을 생각한다.

5. 言思忠(언사충): 말은 충실할 것을 생각한다.

6. 事思敬(사사경): 일할 때는 신중할 것을 생각한다.

7. 疑思問(의사문): 의심이 날 때는 물을 것을 생각한다.

8. 忿思難(분사난): 화가 날 때는 화를 낸 뒤에 어렵게 될 것을 생각한다.

9. 見得思義(견득사의): 이득을 보게 되면 의로운 것인지를 생각한다.

공자가 동양 철학 분야에서 빼놓을 수 없는 소위 '원톱'인 이유는 이렇게 삶의 화두를 잘 정리하여 우리에게 알려 주었기 때문이 아닐까 합니다. 혼란한 세상에서 살아가는 우리에게 공자의 생각하는 법, 아홉 가지 역시 그 자체로 생각 정리의 기술이요 삶을 평화롭게 만드는 방법입니다. 물론 말이 쉽지, 실제로 체화하는 것은 만만치 않은 일입니다.

공자에게는 3,000여 명에 이르는 제자가 있었다고 합니다. 그중 70여 명이 핵심 제자였고, 그중에서도 뛰어난 수제자 10명이 따로 있었답니다. 이들은 '공문십철(孔門十哲)'이라고 불렸습니다. 여기에 염유(冉有)라는 제자도 있었는데 그에 대한 일화가 있어서 소개하려 합니다.

염유는 가난했다고 합니다. 그래서 빨리 출세하고 싶은 마음이 컸습니다. 그러나 현실은 잘 풀리지 않았습니다. 정치에 능한 그였으나 관직 운이 풀리지 않았으니 얼마나 힘들었겠습니까. 학업을 중도에 포기할 생각을 가지게 되었고, 이러한 제자의 심리 상태를 스승인 공자가 눈치채고 한번 호되게 질책하는 장면이 나옵니다. 참고로 염유는 염구(冉求)라고 불리기도 했습니다.

염구가 말했습니다.

"선생님의 도를 좋아하지 않는 건 아니지만 제가 힘이 부족합니다."

공자가 답했습니다.

"능력이 부족한 사람은 중도에 포기하게 된다. 그런데 너는 지금 스스로 선을 긋고 있구나."

求曰(구왈) 非不說子之道(비불열자지도) 力不足也(역부족야) 子曰(자왈) 力不足者(역부족자) 中道而廢(중도이폐) 今女劃(금여획)

3,000여 명에 이르는 공자의 수제자였던 염유도 이렇게 힘들었다

고 하는데, 우리야 공자의 도를 따르기가 만만찮겠습니까? 모든 것을 한 번에 익히고 또 실행에 옮기려는 욕심은 잠시 놔두고 할 수 있는 것부터 하나하나, 공자가 말하는 생각의 기술 아홉 가지를 일상에서 적용해 보는 것만으로도 충분합니다.

쉽게 주어지는 기회일수록 의심하라

저는 공자의 아홉 가지 생각 기술 중에서도 마지막의 견득사의가 가장 마음에 남습니다. '이득을 보게 되면 의로운 것인지를 생각한다'라는 말, 저에게 과거의 일들을 반성하게 만드는 구절이기 때문입니다. 언젠가 누군가가 무엇인가를 저에게 주려고 할 때, 그것이 생각보다 너무 쉽게 얻어져서 미소를 감추지 못하던 순간이 기억납니다.

그 순간, 저는 유혹당했습니다. 그리고 큰 낭패를 보았습니다. 무슨 말인가 하시겠죠? 부끄러운 저의 과거, 고백해 볼까요.

오래전의 일입니다. 재테크에 관심이 있던 시기였는데 누군가 제게 아주 좋은 기회라면서 투자를 제안했습니다. 이렇게 말하면서 말이죠.

"이거 너에게만 하는 말이야. 큰 기회를 잡은 거야. 너는."

물론 그 제안을 받기까지 누군가의 끊임없는 작업이 있었음은 훗날 큰 낭패를 당하고 나서야 깨닫게 되었습니다. 하여간 그때는 '손도 대지 않고 코 푸는 격'이라는 상대방의 말에 홀려 꽤 큰 액수를 투자했습니다. 집을 담보로 잡지 않은 것만 해도 다행이라는 생각이 들 정도였으니까요. 패가망신할 뻔한 순간이었습니다.

공자의 말, 견득사의의 정신을 조금이라도 마음에 담고 있었다면 이런 어처구니없는 유혹에 쉽게 빠졌을까요. 아닐 겁니다. '이 이득이 도대체 왜 나를 향하고 있는 걸까?'를 고민했을 것이고 정중히 거절했을 것입니다. 견득사의는 단순히 세상을 향해 바르게 이득을 판단해 보라라는 말 이전에 나를 지키는 말이 될 수도 있는 것입니다.

물론 일반적인 해석 그대로 누군가의 정말로 귀한 무언가가 나에게 주어진 순간이라면 이 역시 견득사의를 생각해야 할 순간입니다. 무엇인가를 얻게 된다는 그 사실에 눈이 가려져 '의'에 집중하지 못하게 된다면, 예를 들어 평소에 그렇게 갖고 싶어 하던 화가의 작품을 누군가 건넨다면 옳고 그름을 넘어서 갖고 싶다는 욕망에 우리의 도덕적 판단은 무너지게 됩니다.

공자의 견득사의를 근대적으로 해석한 인물도 있습니다. 조선 시대의 정약용이 《목민심서》에서 논의를 확장했습니다. 그는, 뇌물은 아무리 비밀리에 주고받더라도 결국 들통이 난다며 '하늘이 알고 귀신이 알고 내가 알고 상대가 안다(天知[천지], 神知[신지], 我知[아지], 子知[자지])'라고 말했습니다.

재물 앞에 약해지는 것은 어쩌면 인간의 본성일 수 있습니다. "사람은 죽어서 관 뚜껑을 덮은 뒤에야 자손과 재물이 쓸데없는 것임을 알게 된다"라는 말이 있는 것처럼 적당함을 즐길 수 있어야 합니다. 군자는 이익이 되는가를 생각하기에 앞서 그것이 옳은가 그른가를 판단한다는 공자의 말을 잘 새겨야 할 이유입니다.

옳아야 당당할 수 있고, 당당해야 자유로울 수 있습니다. 공자가 말하는 생각의 기술 아홉 가지를 모두 일상에 적용하는 게 힘들다면 견득사의만 마음에 잘 담아 보세요. 군자와 같이 마음의 자유를 최고의 즐거움으로 여기며 편하게 살아갈 수 있을 겁니다. 거친 세상을 편안하게 살아가는 방법으로 추천합니다.

더 나은 사람이 되기 위해
잘 놀아야 한다

"나도 네 뜻과 같다!"

吾與點也
오여점야

점이 대답했습니다.

"늦봄에 봄옷을 지어 입고,

어른 대여섯 명과 어린이 예닐곱 명과 함께

기수에서 목욕하고 무우에서 바람을 쐬고

시나 읊으면서 돌아오겠습니다."

공자께서 감탄하며 말했습니다.

세상 보는 눈이 달라지는 공부는 따로 있다

"내 뜻도 점과 같다!"

日莫春者(왈모춘자) 春服旣成(춘복기성) 冠者伍六人(관자

오륙인) 童子六七人(동자육칠인) 浴乎沂(욕호기) 風乎舞雩

(풍호무우) 詠而歸(영이귀) 夫子喟然歎曰(부자위연탄왈)

吾與點也(오여점야)

—《논어》,〈선진(先進)〉중에서

네덜란드 역사학자 요한 하위징아는 1938년《호모 루덴스》라는 책을 출간합니다. 이는 '놀이'를 문화의 한 축 혹은 문화의 근원으로 등장시키는 계기가 됩니다. 일이 아닌 놀이가 주인공이 되는 시대를 알린 것입니다. 정보 시대에 접어들면서는 '여가학'이라는 개념도 등장합니다. 노동에 매몰되어 살아가던 인간에게 잘 놀 수 있는 법을 알려주려는 시도인 거죠.

이제 놀이 혹은 여가 개념은 노동과 일대일로 대응이 가능한 상대 개념으로 이해할 수 있으며, 나아가 '노동과 경제 활동의 부산물' 이상의 가치를 지니게 되었습니다. 스티븐 커비라는 사람은 '전인적 패러다임(Whole-Person Paradigm)'이라는 용어를 제안하였는데, 이 역시 놀이의 중요성, 즉 '심신일여(心身一如)'에 바탕을 둔, 놀이와 공

부의 적절한 결합을 언급한 것입니다.

이제 잘 놀아야 합니다. 산업 역시 우리를 잘 놀게 해 주는 영역이 돈을 법니다. 대형 엔터테인먼트 회사가 그 증거죠. 개인적으로도 '조금 놀면 안 되나?'라면서 자신을 여유롭게 둘 수 있어야 합니다. 컨베이어벨트에 올려진 사람처럼 끊임없이 반복되는 일만 하다가는 신체와 영혼의 소진을 막아 낼 수 없기 때문입니다.

◇◇◇

공자도 공부보다 노는 게 좋았다

이제 《논어》에 나오는 놀이와 관련한 이야기를 소개해 보려고 합니다.

자로, 증석, 염유, 공서화는 모두 공자의 제자였습니다. 모두 함께 공자를 모시던 어느 날이었습니다. 먼저 공자가 운을 띄웁니다.

"너희보다 나이가 많다고 하여 나를 어려워하지 말라."

직장인이라면 '사장님과의 대화' 시간이 떠오르지 않나요? 그런 시간과 장소였나 봅니다. 어쨌거나 공자는 제자들의 마음을 우선 풀어 줍니다. 그리곤 하나의 질문을 던집니다.

"너희들은 늘 '나를 알아주지 않는다!'라면서 불평을 했는데, 좋다. 만약 누군가 너희를 알아준다면 무엇을 하고 싶으냐?"

생각보다 공자의 제자들이 생활하기가 어려웠나 봅니다. 자신을 드러내고 싶은데 드러내지 못해서, 드러내지 못하니 인정받지 못해 경제적으로도 어려운, 여러모로 안달하는 제자들의 모습을 보고 물어본 말이 아닐까 합니다. 자로가 먼저 대답합니다.

"다른 나라로부터 침략을 당하고 그로 인해 기근에 시달리는 나라가 저를 중히 여겨 만약 제가 그 나라를 맡아 다스린다면, 삼 년 내에 백성들을 용감하게 만들고 올바른 길로 인도하겠습니다."

단지 삼 년만 시간을 주면 전쟁으로부터 고통받는 나라를 오히려 강한 나라로 만들 수 있다는 자로의 패기가 엿보입니다. 그런데 이를 들은 공자는 별말 없이 미소만 보입니다.

참고로 자로는 공자의 수제자 중에서도 수제자였다고 합니다. 맹자 역시 자로를 높이 평가한 바 있습니다. 《맹자》에 "자로는 남들이 그에게 잘못이 있음을 일러주면 기뻐하였다"라는 구절도 있을 정도지요. 이는 말은 쉬우나 저와 같은 평범한 사람에게는 정말 어려운 태도입니다. 하여간 이런 자로의 대답에 공자는 미소만 보였던 거죠.

다음으로 염유에게 묻습니다.

"너는 어찌하겠느냐?"

이에 염유가 대답합니다.

"사방 육칠십 리 또는 더 적은 오륙십 리 되는 곳을 제가 맡아 다스린다면 삼 년 내에 백성을 잘살게 할 수 있을 것입니다. 다만 예악은 다른 군자의 힘을 빌릴 것입니다."

겸손하면서도 구체적입니다. 자신이 맡을 수 있는 영역을 한정했고, 누군가의 도움이 필요함을 말했으니까요.

세 번째로 공자는 공서화에게 묻습니다.

"너는 어떻게 하겠느냐?"

공서화가 답합니다.

"저는 할 수 있다는 게 아니라, 배우고 싶은 것을 말씀드리겠습니다. 종묘의 제사나 제후들의 모임에 검은 예복과 예관을 착용하고 의식을 돕는 사람이 되고자 합니다."

나라를 통치하려는 거창한 욕망이 아닌 자신이 할 수 있는 것을 익힌 후 돕겠다는 마음가짐, 겸손한 자세가 느껴집니다.

모두 좋은 이야기입니다. 나름대로 의지도 있고, 고민도 있으며, 한편으로 구체적이기까지 합니다. 그런데 공자는 과연 세 제자 중 누구의 이야기에 흥미를 보였을까요. 결론부터 말하자면 '어찌 이리 뻔한 대답만 하는 걸까?'라며 조금 시큰둥했던 것으로 보입니다. 정말이냐고요. 마지막으로 남은 제자와의 대화에서 그것이 드러납니다.

세상 보는 눈이 달라지는 공부는 따로 있다

자로, 염유, 공서화가 각자의 포부를 드러낼 때 제자 증점은 옆에서 거문고를 뜯고 있었습니다. 스승과 제자와의 대화 시간에 거문고를 뜯고 있다? 회사에 비견한다면 사장님과의 대화 시간에 한쪽 끝에서 기타 연주나 하고 있는 것과 다를 바 없는 것 아닌가요. 공자는 이를 개의치 않고 그저 묻기만 합니다.

"증점아, 너는 어떻게 하겠느냐?"

거문고를 한번 세게 튕긴 후 옆으로 빌쳐 낸 증점의 말은 이러했습니다.

"앞서 말한 세 사람의 말들은 잘 들었습니다. 하지만 저의 생각과는 다릅니다. 저라면 일단 봄옷을 지어 입고, 어른 대여섯 명과 어린이 예닐곱 명과 함께 저기 저 강가에 가서 목욕하고, 저기 저 정자에 가서 바람이나 쐰 후, 시나 읊다가 다시 돌아오겠습니다."

멋집니다.

공자를 바라보고 함께 공부하는, 일종의 경쟁자인 세 사람의 포부와는 달리 증점은 세상이 나를 알아주는 바로 그 순간 오히려 멋진 옷을 차려입고, 친구들과 함께 강변에 가서 물놀이하고, 봄바람이나 즐기다가, 친구들과 함께 노래나 하겠다는 겁니다. 세상이 나를 알아볼 때 오히려 바로 그 자리를 벗어나 자신을 돌본다는 모습, 여유로워 보입니다.

그런데 더 멋진 건 공자의 반응입니다. 하늘 같은 스승과의 대화의 시간에 남들은 모두 국가, 사회 그리고 예절 등을 언급하면서 자신의 의지를 표방하고 있는 상황에 '한가하게' 먹고 마시고 노래를 부른다? 그것도 동양 철학의 슈퍼스타인 공자 앞에서. 아마 우리가 예상하는 결론은 이러할 겁니다.

"증점, 너 지금 정신이 있는 거야?"

하지만 《논어》에서 공자는 정반대의 반응을 보입니다. 이렇게 말이죠.

吾與點也(오여점야)

나도 증점의 뜻과 같다!

한바탕 호통을 칠 것 같았던 바로 그 순간, 오히려 공자가 이렇게 말했을 때 세 명의 제자는 무슨 생각을 하게 되었을까요. '어, 이상하다. 국가를 위해서, 사회를 위해서, 배우고 또 익혀 그것을 세상에 이롭게 펼쳐낸다고 말했는데… 왜 우리의 이야기에는 저렇게 반응하지 않으시지?'라고 하지 않았을까요.

'오여점야'를 일상의 언어로 바꿔서 해석해도 재미있습니다. 증점이 '저라면 봄옷을 지어 입고, 어른 대여섯 명과 어린이 예닐곱 명과 함께 저기 저 강가에 가서 목욕하고 저기 저 정자에 가서 바람을 쐰 후 시나 읊다가 다시 돌아오겠습니다'라고 했을 때 공자가 이렇게 말한 것으로 해석하는 겁니다.

"나도 좀 끼워 주라!"

몸과 마음이 소진되기 전에

유교 전통에서 '오여점야'는 단순히 '당신의 의견에 동의한다' 아니면 '나도 그렇게 하겠다'라는 의미가 아니라고 합니다. 현실 참여의 상대적 개념으로서, 지식인 계층의 여가 활동을 상징하는 대표적 어구라는 것이죠. 실제로 유교에서의 학문 활동은 이론적 탐구에만 그치지 않고 실천을 포함했다고 하는데, 그 안에는 증점의 생각과 공자의 정신이 들어 있습니다.

공자가 당시 슈퍼스타였던 이유는 이러한 여유가 학문과 함께 어우러져서가 아니었을까 하는 생각도 해 봅니다. 참고로 공자는 키가 9척이 넘었다고 합니다. 오늘날로 이야기하면 2m에 이르렀다고 하니 당시로서는 거인 중의 거인이었던 셈이죠. 그뿐인가요. 50대 후반부터 60대 중반의 나이에 중국 각지를 제자들과 함께 돌아다닐 정도의 강철 체력의 소유자이기도 했죠.

한눈에도 눈에 띄는 체격을 갖고 있으면서도, 배움에 대해 겸손함을 지니며, 늘 학문 탐구에 힘쓰고, 놀 줄도 알며, 낯선 세상에 도전하는 용기와 기백을 갖춘 공자…. 생각해 보면 주자학이 유학이라는 이름으로 강요한 도덕군자로서의 '잘못된' 혹은 '가짜' 공자를 우리는 그동안 '진짜' 공자라고 착각하고 있었던 건 아닌가 하는 생각을 해 봅니다.

증점의 일상은 일종의 '자유의 경계'에 있는 그 무엇입니다. 인(仁)에 도달하려면 이성적인 판단만으로 가능한 게 아니고, 이성을 감성화하는 과정을 통해서 나타나야 하는데 증점이 말한 바로 그 모습들 즉, 자유로운 정신으로 돌아가서 즐거움을 맛보는 그 장면이 공자가 생각하는 인에 이르는 길이었던 겁니다.

어떤가요. 이제 우리가 배워야 할 것은 무작정의 공부가 아니라 공부를 인으로 이끌기 위한 놀이의 개발이라는 것, 한번 생각해 볼 만한 화두가 아닐까요. 어제보다 더 나은 내일을 원한다면 어제의 공부에 대한 반성 이전에 지금 당장, 그러니까 오늘 잘 놀아야 합니다. 그것이 공자가 생각했던 배움의 정신이니까요.

•

세상 보는 눈이 달라지는 공부는 따로 있다

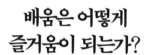

배움은 어떻게
즐거움이 되는가?

지혜를 좋아한다면서 호학하지 아니하면
그 폐단은 허황됨으로 나타날 뿐이다

好知不好學 其蔽也蕩
호지불호학 기폐야탕

공자께서 말씀하셨습니다.

"나는 나면서부터 알았던 사람이 아니다.

옛것을 좋아하여 부지런히 그것을 구한 사람이다."

子曰(자왈) 我非生而知之者(아비생이지지자) 好古敏以求之

者也(호고민이구지자야)

고전(古典)은 '옛 고(古)', '책 전(典)'을 써서 오래된 책이라는 뜻을 지닙니다. 하지만 고전은 단순히 오래된 책을 의미하는 것이 아니라, 시대를 뛰어넘어 변함없이 읽을 만한 가치를 지니는 책을 의미합니다. 가치가 얼마나 있기에 고전이 중요한 걸까요. 이런 말을 들었는데 새겨들을 만한 내용이었습니다.

"인류 역사를 보면 항상 두 개의 계급이 존재했다. 지배하는 계급과 지배받는 계급, 전자는 후자에게 많은 것들을 금지했는데, 대표적인 것이 인문 고전 독서였다."

왜 지배하는 계급이 지배받는 계급의 고전 독서를 금지하였을까요. 고전을 읽지 못하게 막는 것이 지배받는 계급을 바보로, 즉 통치하기 좋은 대상으로 만드는 지름길이었기 때문입니다. 진시황이 통일된 천하를 지배하기 위해 '분서갱유', 즉 지식인들이 쓴 책을 없애버린 것 역시 이런 이유 때문이었을 것이고요.

고전을 읽으면 생각이 깊어지고 지혜로워질 수밖에 없습니다. 지배를 받는 계급들이 생각이 깊어지고 지혜로워지면 결국 지배하는 계급에 맞설 수밖에 없게 됩니다. 고전은 자신의 위치를 다시 뒤돌아보게 하고 또 그것을 개선하려는 노력에 동기부여를 시키기 때문입니다. 고전이 고전인 까닭은 자신의 모습을 다양한 방법으로, 끊임없이 해석하게 만드는 데 있습니다.

고전을 잘 읽으면 우리는 자기 삶의 역사를 읽는 것이나 마찬가지 효과를 누립니다. 《논어》와 같은 고전을 읽는 이유는 인간의 삶은 결국 똑같기에 앞서 고민한 고전에서 해답을 찾는 게 효율적이기 때문입니다. 인간의 삶 그 자체, 즉 일상의 본질에 집중하는 고전의 가치를 잘 활용한다면 우리는 시간과 공간을 아름답게 살아가는 기회로 삼을 수 있습니다.

배움은 어떻게 즐거움이 되는가?

《논어》의 키워드 중 하나는 즐거움, 즉 '락(樂)'입니다. 《논어》 첫 구절에도 세상을 좋게 만들려 노력하며 살아가는 사람의 즐거움이 기록되어 있습니다. 배우고 익히고 실천하는 즐거움, 같은 뜻을 품은 동지가 멀리서 찾아와 서로 격려해 주는 즐거움, 누가 알아주지 않더라도 꿋꿋이 그 신념을 지켜 나가는 자부심.

즐거움에 대응되는 《논어》의 또 다른 키워드 중 하나는 배움, 즉 '학(學)'입니다. 배움을 통해 확신을 얻고, 배움의 통해 행동의 지침을 찾는 것이죠. 그렇습니다. 배움은 공자에게 세상 그 모든 것을 선택하고 또 행동함에 기준이 됩니다. 배워야 더 즐거울 수 있습니다. 〈양화〉편에 실린 글입니다.

인(仁)을 좋아한다면서 호학(好學)하지 아니하면 어리석어지며, 지혜(知)를 좋아한다면서 호학하지 아니하면 그 폐단은 허황되게 되며, 신의(信)를 좋아한다면서 호학하지 아니하면 남을 해치게 됩니다. 정직(直)을 좋아한다면서 호학하지 아니하면 각박하게 되고, 용맹(勇)을 좋아한다면서 호학하지 아니하면 난폭할 뿐이며, 강함(剛)을 좋아한다면서 호학하지 아니하면 광기에 빠지게 됩니다.

好仁不好學(호인불호학) 其蔽也愚(기폐야우) 好知不好學(호지불호학) 其蔽也蕩(기폐야탕) 好信不好學(호신불호학) 其蔽也賊(기폐야적) 好直不好學(호직불호학) 其蔽也絞(기폐야교) 好勇不好學(호용불호학) 其蔽也亂(기폐야난) 好剛

不好學(호강불호학) 其蔽也狂(기폐야광)

세상의 모든 것을 행할 때 배움이 있어야 하는 이유입니다. 그 배움에는 진심이 가득해야 합니다. 진심으로 공부하는 사람만이 세상의 개혁을 지속 가능하게 합니다. 자기 자신을 혁명적으로 성장하게 합니다. 《논어》에서의 공부란 단순한 실무적 지식을 말하는 것이 아닙니다. 한 개인만이 아니라 사회 전체를 변화하게 하는 의미 있는 그 무엇입니다.

《논어》에서의 배움 혹은 공부는 자신의 활동이 인간사 전체와 자신 삶에 가지는 의미를 성찰하고, 그것을 굳건한 신념으로 바꾸려는, 자기가 있는 자리에서 나름의 사회 변혁을 위한 길을 걸어가는 여정으로 기능합니다. 그렇게 우리의 공부 방향을 알려주는 나침반이 고전입니다. 수천 년을 지나면서도 고전이라는 이름으로 우리 곁에 있는 바로 그 책들 말입니다.

인류의 지적 선배들의 지혜에 귀 기울이려 하지 않는 사람, 역사로부터 치열하게 배우려 하지 않는 사람, 현실의 번잡함에서 잠시라도 벗어나 자기만의 생각의 안식처를 가지지 못한 사람, 즉 공부하지 않는 사람은 사회의 한 구성원으로서 시대를 앞서가는 사람의 자격이 없습니다. 사회든, 자신이든 개혁하고자 한다면 공부야말로 우리가 놓지 말아야 할 일인 것입니다.

고전에 귀를 기울여야 하는 이유

공자는 겸손하여 스스로 말합니다. '나는 원래 무엇을 잘 알지 못했던 사람이었다.' 동양 철학의 최고봉이라고 하는 공자의 겸손치고는 지나칠 정도 아닌가 하는 생각이 듭니다. 그렇다면 그가 결국 세상의 모든 것을 꿰는 철학 사상을 전파하고 또 그만큼 많은 제자를 두게 된 비결은 무엇일까요. 그 비결은 의외로 단순했습니다. 그저 옛것을 좋아했을 뿐이었으니까요.

공자께서 말씀하셨습니다.

"나는 나면서부터 알았던 사람이 아니다.

옛것을 좋아하여 부지런히 그것을 구한 사람이다."

子曰(자왈) 我非生而知之者(아비생이지지자) 好古敏以求之
者也(호고민이구지자야)

세상 보는 눈이 달라지는 공부는 따로 있다

공자가 살던 시대는 옛날이라는 시공간입니다. 그 수천 년 전의 이야기에 관심을 두어야 하는 이유는 2,000년의 시간이란 인류의 역사로 따진다면 그저 한 점에 지나지 않기 때문입니다. 공자가 제자들과 세상을 고민하던 시절의 인류나 4차 산업 혁명의 한복판에 선 현재의 인류나 육체적으로, 또 정신적으로 크게 다를 바가 없다는 것이죠.

현재 우리의 고민거리는 무엇입니까. 공자가 살던 시대와 비슷합니다. '삶과 죽음은 무엇인가?', '인간은 무엇인가?'를 놓고 여전히 고민하고 있습니다. 수천 년 전이나 지금이나 '요즘 애들에 대한 기성세대의 불만'은 여전합니다. 챗GPT가 세상을 뒤흔드는 이 시대에 케케묵은 공자의 이야기에 귀를 기울여 보라고 권하는 이유가 여기에 있습니다.

역사가 기록되기 시작한 이래 인간은 결국 똑같습니다. 시대와 환경이 제아무리 바뀌어도, 태어나 엄마 젖을 물고, 거웃이 나기 시작하면 반항하고, 어른이 되고, 웃다가 울고, 가정을 이루고, 늙어가고, 병들고, 결국엔 죽습니다. 이기적인 욕망에 시달리고, 누군가를 사랑해야 하는, 우리는 모두 여전히 수천 년 전의 그 사람 그대로입니다.

공자의 이야기에 귀를 기울이고, 옛것을 공부해야 하는 이유는 인간의 삶이 결국 똑같기 때문입니다. 이미 이러한 인류의 고민을 먼저 화두로 삼아 해답을 내놓은 고전은 이 시대를 살아가는 우리에게도 그대로 적용할 수 있습니다. 그뿐인가요. 공자는 동아시아 지성사의 슈퍼스타입니다. 수천 년간 그의 말은 검증되어 지금에 이릅니다.

물론 옛것을 좋아한다고 해서 과거로 회귀하려 했다고 여기면 곤란합니다. 자신을 돌아보고 세상을 이해하며 갈 길을 찾아야 할 때, 그 실마리와 밑천이 되는 게 예로부터 전해 온 지혜와 지식인 겁니다. 지혜와 지식을 좋아한다는 것은 무비판적으로 옛날을, 전통과 관습을, 통념과 고정관념을 따른다는 뜻이 아니라 거기서 즐거이 시작한다는 뜻일 뿐입니다.

옛것을 공부하는 이유는 우리가 살아 온 세상이 다 좋은 세상임을 깨닫기 위한 것이라는 말도 있습니다. 힘든 일도, 고통스러운 일도 지나고 보면 다 좋은 일입니다. 그 당시에는 너무나 힘들었지만 말입니다. 그 사실을 알고 나면 세상을 보는 눈이 달라집니다. 다가오는 새로운 일도 기쁘게 받아들일 수 있습니다. 옛것을 공부하는 이유이기도 합니다.

공부하고, 배우며 자신을 성장시키는 방법으로서 굳이 최신의 그 무엇에만 매달리지 않아도 됩니다. 성장이란, 자신이 하고 싶은 꿈이란, 다가서는 일이 아니라 차분히 그리고 여유롭게 기다리는 것에 더 가깝기 때문입니다. 언젠가 만화 〈짱구는 못말려〉의 짱구 아빠가

했다는 대사를 모아 놓은 게시물을 한 커뮤니티에서 보게 되었는데 거기에 이런 내용이 있었습니다.

"꿈은 도망가지 않아.
도망가는 것은 언제나 자신이야."

《논어》만큼이나 〈짱구는 못말려〉에서도 삶의 교훈을 찾을 수 있다는 점이 재밌습니다. 실제로 꿈은 도망가지 않습니다. 꿈은 죄가 없습니다. 문제는 꿈을 제멋대로 만들어 놓고 그 꿈에 대한 별다른 노력도 없이 징징대는 우리들의 모습인 것이죠. 배움과 성장, 그렇게 더 나은 사람이 되겠다고 다짐했다면 그게 《논어》든, 〈짱구는 못말려〉든 관계없이 우리를 위해 좋은 것을 찾아내어 스스로 적용하면 됩니다.

공자가 옛것을 살피고 또 살펴서 세상을 어떻게 살아갈 것인지 깨달은 것처럼 우리 역시 과거의 것을 잘 공부함으로써 필요하면 노래 가사, 만화 대사 속에서도 삶의 이치를 찾아내면서 우리가 사는 이 세상을 즐겁고 기쁘게 일궈 냈으면 합니다. 그것들이 과연 지금 이 시대에 여전히 유용한지, 앞으로도 가치가 있는지는 '나 자신'이 주체적으로 검증하면 될 테니까요.

4장

어제보다 나은 인생을 위해 반드시 알아야 할 것 — 묵자

묵자
墨子

묵자(기원전 470년?~기원전 391년?)는 중국 춘추 전국 시대의 송나라에서 탄생한 사상가이자 철학자로서 중국 전국 시대에 제자백가 중 묵가를 대표하는데, 그의 핵심 사상은 겸애(兼愛)로서 유교와 도교와 대립합니다. 당시만 해도 묵자의 사상은 여러 나라에서 채택됐으나, 진이 전국을 통일하자 선호 대상에서 제외되는 비운을 맞습니다.

묵자는 사랑이 부족하여 세상이 혼란스럽다고 판단합니다. 하여 사람들이 평등하게 서로 사랑하고 남을 이롭게 하면 하늘의 뜻과 일치하여 평화롭게 된다는 겸애(兼愛)를 주장합니다. 차별적 사랑인 별애(別愛)와 달리 겸애는 빈부 격차가 없는 경제적 평등을 강조하고 검소하게 생활하기를 권유합니다.

묵자라는 이름에 있는 묵(墨)의 해석이 흥미롭습니다. 첫 번째는 묵자가 검은 피부를 지녔다는 것인데 이는 그가 직접 노동하는 지위, 즉 농민이었음을 말합니다. 두 번째로는 묵자가 당시 이마에 먹을 새기는 형벌인 묵형을 받았다는 것인데, 이는 묵자가 범죄자로서 하층민의 신분이었음을 말합니다.

그래서일까요. 묵자의 겸애는 정치적으로도 특이합니다. 즉, 공자를 포함한 사상가 대부분은 통치자가 백성을 이롭게 해야 한다고 주장하지만, 묵자는 그런 사람들과 달리 통치자도 백성처럼 검소하게 생활해야 한다고 주장하니까요. 아울러 관리 임용에는 신분이나 직업에 구애하지 않고 문호를 넓게 개방하여 등용하라고도 합니다.

결국 묵자가 주장하는 겸애란 '각자도생'이라는 오늘날 우리에게 더 많은 화두를 던집니다. 남을 내 몸처럼 사랑하라는, 남의 집을 내 집처럼 여기라는 것 거기에 더해 자기의 능력과 자기만의 사랑으로 남을 돕고, 위로하며, 봉사하라는 이타적 태도를 보이라는 것이죠.

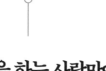

힘든 일을 하는 사람만이
원하는 것을 얻는다

자신이 좋아하는 일만 하면서
자신이 싫어하는 결과를 피했다는 이야기를 들어 본 적이 없다

未聞爲其所欲 而能免其所惡者也
미문위기소욕 이능면기소악자야

묵자가 말했습니다.

"힘든 일을 하는 사람만이 반드시 하고자 하는 바를 얻게 됩니다. 하고 싶은 것만 하면서 하기 싫은 것을 면한 사람을 저는 본 적이 없습니다."

墨子曰(묵자왈) 爲其所難者(위기소난자) 必得其所欲(필득

기소욕) 未聞爲其所欲(미문위기소욕) 而能免其所惡者也(이
능면기소악자야)

_《묵자》,〈친사(親士)〉중에서

묵자는 공자, 맹자, 노자 등에 비해 우리에게는 낯선 인물입니다. 그는 기원전 470년부터 기원전 391년에 살았던 중국 춘추 전국 시대의 송나라의 사상가이자 철학자로, 나름대로 초기 전국 시대에는 제자백가 중 유교, 도교와 대립할 정도로 세력이 컸던 묵가(墨家)를 대표합니다.

당시만 해도 유교와 어깨를 견줄 만한 중국 철학의 핵심 사상이었고, 실제로 묵자의 사상은 여러 나라에서 채택되었다고 합니다. 하지만 진이 전국을 통일하면서 국가적으로 선호하는 대상에서 제외되고, 소멸의 길에 이릅니다. 하지만 묵자의 사상은 2,000년이 훌쩍 흐른 지금 다시 중국 철학, 아니 중국 사회에 자신의 이름을 드러내며 재등장합니다.

세계 최초 양자 위성의 이름 '묵자'

기사 하나 보실까요.

> "중국이 세계 첫 양자 통신 상용화를 위한 실험 위성 발사에
> 성공했다. 중국은 16일 오전 1시 40분(현지 시각) 간쑤성 주취
> 안(酒泉) 위성발사센터에서 독자 개발한 세계 첫 양자 위성
> '묵자(Micius)'호를 창정(長征) 2D 로켓에 실어 발사했다고 외
> 신이 일제히 보도했다. 이는 세계 첫 양자 통신 위성으로 주
> 목받고 있다."

(출처: 전자신문, 2016년 8월 16일)

2016년 중국은 세계 최초로 양자 통신 상용화를 위한 실험 위성
발사에 성공했습니다. 그런데 그 위성의 이름이 '묵자'랍니다. 의아
합니다. 중국에는 수없이 많은 철학자와 사상가가 있습니다. 그런데
왜 '우리에게는' 잘 알려지지 않은 묵자라는 이름이 세계 최초의 양
자 위성 이름이 된 것일까요.

'실용주의'가 그 이유입니다. 묵자는 유가와 대립하면서 실용주의

노선을 걸었던 인물입니다. 대표적으로 제사나 삼년상을 거부했는데, 돈 낭비, 시간 낭비라는 것이 이유였죠. 3년이란 기간 동안 제사하다 보면 생업에 큰 타격을 받고 특히 가난한 자들의 피해가 심했습니다. 그래서 제사 주관을 밥벌이로 이용하는 유학자들을 신랄하게 비판할 정도였습니다.

겨우 이 정도 업적으로 양자 위성에 이름을 붙이지는 않았겠죠? 그는 사상가이자 철학자였음은 물론 과학자였습니다. 묵자는 빛의 직선 전파를 주장하는 등 물리학과 광학 분야에서도 뛰어났다고 합니다. 단순히 지식만 대단했던 게 아니라 과학적 사고를 이용해 중국 역사상 가장 치열했던 정복 전쟁 시기에 '전쟁 반대'를 외치기도 했습니다.

《묵자》의 내용 중 〈공수〉편에는 이런 이야기가 있습니다. 강대국 초나라에서 유명한 기술자인 공수반이라는 사람이 운제(雲梯)라는 새로운 공성(攻城) 무기를 개발하여 약소국인 송나라, 즉 묵자의 나라를 공격하려고 합니다. 이 소식을 들은 묵자는 초나라로 달려가 공격을 중단할 것을 요청합니다. 하지만 초나라 왕은 침공 의지를 꺾지 않았습니다.

이에 묵자는 초나라 왕이 보는 앞에서 공수반과 모의 전쟁을 벌입니다. 그 결과는 어땠을까요? 공수반이 개발했다던 운제라는 무기의 모의 공격을 모두 막아 냅니다. 이를 본 초나라 왕은 송나라를 공격하겠다던 계획을 포기합니다. 그렇습니다. 묵자는 철학을 넘어, 과학으로, 과학을 넘어 사랑 그리고 평화를 꿈꾸던 사람이었던 겁니다. 과학적 지식을 평화를 위해 활용한 인물, 그가 바로 묵자입니다

◇◇◇

높은 곳에 올랐다고 모두 정상에 닿은 것은 아니다

철학을 넘어 과학 그리고 사랑으로 이어지는 묵자의 사상적 흐름에 대해 궁금해집니다. 과연 그는 어떤 눈으로 세상을 바라보았기에 이렇듯 대단한 업적을 이루어 낸 걸까요. 그는 자신이 좋아하는 것에만 몰입하지 않는 여유로움과 새로움을 향한 적극적인 투쟁심을 가진 자였습니다. 그는 세상의 모든 바람직한 결과에는 오로지 노력이 전제되어야 한다고 말합니다.

> "힘든 일을 하는 사람만이 반드시 하고자 하는 바를 얻게 됩니다. 하고 싶은 것만 하면서 하기 싫은 것을 면한 사람을 저는 본 적이 없습니다."

爲其所難者(위기소난자) 必得其所欲(필득기소욕) 未聞爲其

所欲(미문위기소욕) 而能免其所惡者也(이능면기소악자야)

　하고 싶은 것만 하는 사람, 생각해 보니 지금의 제 모습 같습니다. 부끄럽습니다. 맞습니다. 어떤 분야든 기본에 충실하기란 쉬운 일이 아닙니다. 반복되는 작업은 지루하고, 일일이 점검하는 것은 번거롭습니다. 뭔가를 하더라도 당장 열매를 따서 맛보려 하는 마음이 앞서는 게 대부분이었습니다. 작은 성과라도 생기면 얼른 과시하고 싶어서 안달이 났고요.

　물론 케이블카로 산의 정상을 오르듯이, 쉬운 방법을 통해서도 높은 목표에 도달할 수는 있습니다. 그러나 같은 곳에 있다고 다 같은 정상은 아닙니다. 산의 그늘마다, 기슭마다 땀방울을 찍으며 오른 이가 마주하는 정상과 케이블카를 타고 쉽게 오른 사람이 마주한 정상의 모습은 절대로 같을 수 없습니다. 정상은 어렵게 오른 만큼 더 아름다운 법이니까요.

　고통 끝에 얻은 기쁨이라야 오래갑니다. 좋은 것만 하려 들면 나쁜 것이 찾아오게 됩니다. 괴로운 후에야 즐거운 것은 운동이 그렇고, 학문이 그렇습니다. 처음엔 몸이 따라 주지 않고, 공부하는 건 버겁기만 합니다. 하지만 피나는 노력이 쌓여야 안 되는 게 없고 모를

게 없어집니다. 하고 싶은 것만 해서 얻어지는 건 극히 일부입니다.

요즘 이런 이야기를 많이 합니다. "자신이 꿈꾸는 일, 좋아하는 일
은 천직처럼 따로 있으며, 그 일을 찾으면 저절로 행복해지고 성공
한다!" 이른바 '열정론'이라고 해야 할까요. 하지만 잘살아 온 당신
이라면 이 말의 허구성을 금방 눈치챕니다. '자기가 좋아하는 것을
따르라!', '열정을 따르라!' 등의 말은 틀린 것을 넘어 위험합니다.

"하고 싶은 것만 하면서 하기 싫은 것을 면한 사람을 저는 본 적
이 없습니다"라는 묵자의 말을 마음에 새겨야 합니다. 하고 싶은 일
만 찾다가, 어쩌다 그것을 찾아 오로지 그것만 하다가는 현실의 벽
에 부닥쳐 실패하는 경우가 훨씬 흔하다는 사실을 안다면 더욱 묵자
의 말에 귀를 기울일 수 있을 겁니다.

오래전의 일입니다. 2005년 스티브 잡스는 스탠퍼드대학교 운동
장에 운집한 수만 명 앞에서 열변을 토합니다.

"여러분이 사랑하는 일을 찾으세요. (…) 아직 그런 일을 찾지 못했
다면 계속해서 찾아 보세요. 현실에 안주하지 말고."

이 졸업 연설 동영상이 유튜브에 올라오자 순식간에 350만 조회
수를 기록합니다. 사람들은 이렇게 열광했습니다.

"맞아. 열정을 따라야만 해. 인생은 그러라고 있는 거야."

"그래. 열정이야말로 우리가 인생을 살게 해 주는 동력이지."

하지만 그거 아시나요. 정작 스티브 잡스는 그가 말한 대로 살지 않았습니다. 오히려 정반대였습니다. 젊은 시절 잡스는 IT 기업 경영에 열정을 가진 인물로 보기 어려웠습니다. 대학생 때 그는 장발에 맨발 차림으로 미국사와 댄스를 연구하고 동양 신비주의에 심취했으며, 사업이나 전자 기기에는 별 관심도 없었다고 합니다.

그뿐인가요. 1년 만에 대학을 중퇴하고는 수련 공동체를 들락거리고 인도에 영적 여행을 다녀오고 선(禪) 수련에 몰입합니다. 즉, 애플 설립 몇 달 전만 하더라도 스티브 잡스는 그저 영적 깨달음을 추구하며 고뇌하던 젊은이였을 뿐, IT는 당장 급한 돈을 위해 건드려 본 수준이었던 것입니다. 자신의 열정이 이끄는 대로 사랑하는 일을 찾으라는 잡스의 조언, 과연 옳은 걸까요.

'행복해지려면 열정을 따라야 한다' 혹은 '좋아하는 일을 하면 부는 저절로 따라온다' 등의 말에 너무 쉽게 현혹되지 않기를 바랍니다. 실체가 없는 열정을 찾느라 아까운 시간을 낭비해서는 안 됩니다. 취미에 불과한 것을 열정으로 착각하는 우매함도 경계해야 하고요. 그렇게 흘러가는 시간과 공간이 너무나 아깝기 때문입니다.

그렇다면 어떻게 해야 할까요. 묵자의 이야기에 귀를 기울일 줄 아는 당신이라면 실체가 불분명한, 성장에 도움되지 않는 맥 빠진 '열정론'에 빠져 허우적대는 대신에 앞으로 더 전진해 나가는 자신을 발견할 수 있을 것입니다. 묵자의 말을 마음에 새기면서 다음과 같은 고민을 해야 합니다.

첫째, 누구도 나를 무시하지 못할 실력을 쌓겠다.

그렇습니다. 실력이 있어야 합니다. 어떤 일을 훌륭하게 만드는 요소들은 그만한 희소성과 가치를 가집니다. 그런 일을 갖고자 한다면 우리 역시 그에 상응하는 희소하고 가치 있는 뭔가를 가지고 있어야 합니다. '세상이 내게 무엇을 줄 수 있는가?' 대신에 '내가 세상에 무엇을 줄 수 있는가'를 중시하는 자세입니다.

둘째, 실력을 쌓기 위해 나 자신의 한계를 넘어서는 도전을 해 보겠다.

지금 일이 나 자신의 진짜 열정과 부합하느냐 하는 질문은 접고, 오로지 일을 잘하는 데만 집중하자는 겁니다. 말콤 글래드웰이《아웃라이어》에서 '1만 시간의 법칙'을 소개한 바 있는데, 이는 자신의 실력을 쌓기 위한 의식적 훈련으로서 가혹하고 신랄한 피드백의 수용에 거침이 없어야 하는 훈련입니다.

셋째, 열정을 따르기보다 열정이 나를 따르게 한다.

열정 그 자체를 무시하거나 부인할 이유는 없습니다. 다만 열정을 따르기보다 자신이 원하는 일에 열정이 따라오도록 만들어야 한다는 것이죠. 자신의 열정이 어디로 향하는지, 자신에게 딱 맞는 일이 무엇인지, 자신에게 좋은 직업이 무엇인지 먼저 찾으려 들기보다는 '어떻게 일해야 하는가?'를 먼저 고민해야 합니다.

하지만 아무래도 조금 버거울 겁니다. 이럴 때 우리는 묵자의 생각으로 다시 돌아가서 응원의 메시지를 얻어야 합니다.

> "힘든 일을 하는 사람만이 반드시 하고자 하는 바를 얻게 됩니다. 하고 싶은 것만 하면서 하기 싫은 것을 면한 사람을 저는 본 적이 없습니다."

> 爲其所難者(위기소난자) 必得其所欲(필득기소욕) 未聞爲其所欲(미문위기소욕) 而能免其所惡者也(이능면기소악자야)

힘든 일을 하는 사람만이 결국 자신이 하고자 하는 바를 얻게 된다는 말, 우리의 부모님이 늘 하시는 뻔한 말씀 같지만, 바로 거기에 수천 년 동안 내려온 검증된 경험이 자리하고 있다는 것을 인정했으면 합니다. 하기 싫은 것을 하고 싶지 않다고 말하기 전에 우선 자신이 해야 할 바른 일을 찾는 것도 병행하면서 말입니다.

하나를 선택하면서
모든 것을 선택할 수 있다

일찍이 혼란이 어디에서 일어나게 되었는지를 살펴보니
서로 사랑하지 않음에서 비롯되었더라

當察亂何自起 起不相愛
당찰난하자기 기부상애

일찍이 혼란의 원인을 살펴보니 사람과 사람이 서로 사랑하
지 않음에 있었습니다. 신하가 군주에게 충성하지 않고 자식
은 부모에게 불효하니 이것이 혼란입니다.

當察亂何自起(당찰난하자기) 起不相愛(기부상애) 臣子之不
孝君父(신자지부효군부) 所謂亂也(소위란야)

현대 사회는 '함께하는 삶'이 중심이 아니라 '혼자의 삶'이 보편적입니다. 분업, 소외, 불평등, 자살에 이르기까지 사회적 혼란 등의 문제는 이러한 개인이 모든 것을 해결해야만 하는 자본주의의 어두운 면입니다. 인간은 언제나 함께 사는 삶을 지향해 왔습니다. 그러나 이렇게 함께 사는 공동체가 점차 개인화되어 가는 이때 무엇이 필요한지를 고민해야 합니다.

겸애란 말을 들어봤을 겁니다. '모든 인간을 똑같이 사랑함'이라는 의미로 자기와 남을 구별하지 않고 모든 사람을 자신에 대해서와 같이 사랑한다면 이 세상에 다툼은 없어지고 인간은 평화로운 생활을 누릴 수가 있어 결국 세상에 이로움을 줄 수 있다고 주장한 용어로서, 묵자의 가르침입니다.

묵자가 강조한 겸애는 공동체적 삶의 기본 전제인 널리 사랑하는 삶을 제시해 주고 있습니다. 그에 따르면 타인을 사랑하기 위해서는 서로에 대한 평등이 먼저 필요하다고 합니다. 이때 '서로'라 함은 차별적인 대우가 아닌 사람 그 자체에 대한 것이었습니다. 보편적이면서도 평등한 사랑이 필요하다는 것이었죠.

묵자는 말합니다. "두루 동등하게 사랑하라!" 피붙이와 피붙이가 아닌 이들을 똑같이 사랑하라는 말입니다. 부모나 자식이라고 하여 더 사랑해서는 안 된다는 겁니다. 사랑에 차등을 두었기 때문에 갖은 폐단이 발생한다고 보는 것이죠. 묵자가 차등 없는 사랑을 주장한 까닭은 그래야만 진정으로 서로가 서로에게 도움이 된다는 믿음 때문이었습니다.

차등 없이 사랑하면 서로가 이롭습니다. 마찬가지로 서로를 이롭게 하면 서로 차등 없이 사랑하게 되고요. 즉, 사랑은 특정 대상을 특별하게 여기는 감정이 아니라, 대상이 누구든 간에 그를 실질적으로 이롭게 하는 행위라는 겁니다. 이렇게 보면 묵자가 말하는 사랑은 매우 구체성을 띕니다. 정신적 사랑이나 마음으로 하는 사랑, 육체적 사랑 등이 아닌 거죠.

그래서일까요. 묵자는 늘 나보다 나은 이를 본받아야 한다고 권합니다. 남을 이롭게 하고 싶어도 자신에게 그럴 만한 역량이 없다면 실제로는 그에게 아무런 도움이 되지 못하기 때문입니다. 누구나 남에게 도움이 될 수 있는 역량을 갖추어야 비로소 차등 없는 사랑으로 상대를 이롭게 할 수 있습니다.

묵자의 생각은 이러합니다. '힘 있는 자는 열심히 다른 이를 돕고, 재물이 있는 자는 힘써 다른 이에게 나누어 주며, 도를 깨우친 사람은 부지런히 다른 이를 가르쳐야 한다.' 남에게 실제적 도움이 되는 힘, 돈, 앎을 모두가 지녀야 한다고 주문했습니다. 묵자의 사랑은 따라서 감정을 기반으로 하는 사랑이 아니라 실질적 이로움을 기반으로 하는 사랑이기에 실현 가능성이 오히려 큽니다.

이런 점에서 묵자의 사랑은 맹자가 말한 측은지심 즉, 돌봐야 하는 누군가를 향한 측은해하는 마음보다 한층 실질적이며 구체적인 사랑입니다. 일상의 평화는 이러한 서로를 이롭게 함과 차등을 두지 않고 사랑함을 자양분 삼아 구현되는 겁니다.

대접받고 싶다면 대접하라

묵자는 사회 혼란의 원인을 두고 '유교의 인에 녹아든 차별적 사랑에서 비롯되었음'을 주장합니다. 차별이 아닌 평등을 전제로 한 후 서로를 동등한 존재로 보고 서로 사랑하고 이로움을 나누면 사회적 혼란, 더 나아가 전쟁과 같은 극단적 상황 역시 발생하지 않을 것이라고 봅니다. 그래서일까요. 특히 전쟁에 비판적입니다. 전쟁은 백성이나 국가 모두에 전혀 이롭지 않다는 것이죠.

차별적 사랑을 극복하는 묵자의 모습에서 우리는 사랑에도 다양한 모습이 있음을 발견합니다. 차별적인 사랑을 하는 유교의 사랑과 모든 사람을 사랑하자는 묵자의 모습이 그러합니다. 그는 그래서 자신의 겸애를 유교의 사랑인 별애와 대비시킵니다. 이때 별애는 일종의 차별적 사랑입니다.

묵자는 내가 타인을 사랑하면, 타인도 나를 사랑할 수 있음의 가능성을 긍정적으로 바라본 듯합니다. '무한 긍정의 사랑 순환 프로세스'라고 해야 할까요. 묵자의 말입니다.

> 내가 먼저 다른 사람의 어버이를 사랑하고 이롭게 한 후에
> 다른 사람이 나의 어버이를 사랑하고 이롭게 함으로써
> 나에게 보답하게 해야 합니다.
> 그러므로 상대방의 효자가 되어야 하는 건 당연한 일입니다.

> 즉필오선종사호애이인지친(即必吳先從事乎愛利人之親) 연후인보아이애리오친야(然後人報我以愛利吳親也) 연즉지교효자자(然即之交孝子者) 과불득이호(果不得已乎)

특히 교효자(交孝子)라는 말이 인상 깊습니다. 타인의 부모님에 대한 효자 노릇이라니. 하지만 이 말만큼 실제의 생활에 그대로 적용

될 만한 것이 또 있을까요. '나의 부모님이 대접받기를 원한다면 먼저 상대방의 부모를 극진하게 모셔라!' 수천 년이 지난 지금, 오히려 실생활에서 마음속에 간직해야 할 태도 아닐까요.

그의 이러한 사랑법은 오직 사적인 영역에서만 적용하는 건 아닙니다. 그는 사회적 관계와 국가적 관계에서 더욱 그러해야 함을 설파합니다.

다른 나라를 자기 나라와 같이 생각하고,

다른 집안을 자기 집안과 같이 생각하고,

다른 사람의 몸을 자신의 몸과 같이 생각해야 합니다.

제후가 서로 사랑하면 벌판에서 싸우지 않고,

가장이 서로 사랑하면 서로 빼앗지 아니하고,

사람과 사람이 서로 사랑하면 서로 해치지 아니합니다.

視人之國若視其國(시인지국약시기국) 視人之家若視其家(시인지가약시기가) 視人之身若視其身(시인지신약시기신) 是故諸侯相愛則不野戰(시고제후상애즉불야전) 家主相愛則不相篡(가주상애즉불상찬) 人與人相愛則不相賊(인여인상애즉불상적)

묵자는 백성을 사랑하지 않으면 그들을 움직일 수 없다고 강조합니다. 왜 그랬을까요. 아마 당시의 통치자들이 그러하지 못했음을 발견했고, 사랑의 본질에 대한 이해가 미진했음을 알았기 때문입니다. 하여 묵자는 종적. 횡적으로 국가건, 사회건, 개인이건 서로 사랑하지 않는 데 혼란의 원인이 있다고 진단한 겁니다.

∞ 삶을 충만하게 만드는 선택들

이렇게 두루두루 사랑하는 게 가능할까요. 어렵지만 가능할 것 같습니다. 제 생각이나 경험이 아니라 제가 읽었던 한 권의 책에서 얻게 된 화두입니다. 《안나 카레니나》라는 소설이 있습니다. 불꽃같은 안나 카레니나의 사랑에 대한 열정, 그것 하나만으로도 '과연 세계 명작은 다르다!'라는 말이 나오는 책이기도 합니다.

소설 속의 주인공인 안나는 사랑을 할 줄 아는 사람입니다. 연인이 된 남자와의 관계뿐만이 아니라 일상에서도 마찬가지였습니다. 예를 들어 이런 장면이 있었습니다.

레빈: 어때, 저 앤 시험에 붙었니?

안나: 거뜬히 붙었어요. 저 앤 굉장히 재주가 있고 성질이 착
해요.

레빈: 그런 말을 하는 걸 보니, 넌 결국 네 아이보다 저 앨 더
귀여워하게 되는 거 아닐까.

안나: 남자들은 모두 그런 말씀이나 하고 있지요. 애정에 많
고 적고가 어디 있어요. 제 딸은 한쪽의 애정으로 사랑
하는 거고 저 앤 또 다른 한쪽의 애정으로 사랑하는 거
예요.

"애정에 많고 적고가 말이 되느냐"라는 주인공의 말이 어떤 의미
로 다가오나요. 사랑은 오로지 한 방향, 한 사람을 향해야만 한다는
우리의 생각을 산산이 깨 버립니다. 결정의 순간에 늘 하나만을 선
택하려고 했던 제가 세상은 한 가지 선택만이 있는 게 아니라 모두
다 취하면서도 얼마든지 자신의 삶을 충만하게 할 수 있음을 알게
된 계기였습니다.

한쪽만 선택하겠다는 자신의 게으름에 대해서는 보지 못하면서,
선택하지 않게 되는 것에 대한 부정적인 요소들만 찾아내고 만족해
하는 것 아닌지 반성해야 합니다. 바쁘다고, 힘들다고, 괴롭다고, 시

어제보다 나은 인생을 위해 반드시 알아야 할 것

간이 부족하다고 우리는 누군가에게 사랑을 주는 데에 게으른 것은 아닐지 되돌아볼 필요가 있습니다. 사랑은 둘 중에서 둘 다를 선택하는 힘이니까요. 묵자의 결론 역시 비슷합니다.

"겸이역별(兼以易別)."

'겸애'로서 '별애'를 대체하자는 말입니다. 유교의 친족 중심의 사랑인 별애는 묵자에게는 '구별하여 차별하는 사랑' 혹은 '이기적 사랑'에 불과한 일종의 '가짜 사랑'이었습니다. 가짜 사랑은 세상의 혼란함을 초래하고요. 이 혼란을 없애고자 한다면 나와 남, 나의 나라와 남의 나라를 구별하지 않고 사랑해야 합니다.

묵자의 생각은 사랑의 완벽한 형태, 예를 들어 기독교의 무조건적 사랑과는 다릅니다. 추상적이면서 숭고한, 도덕적인 사랑이라고 보기에도 뭔가 어색합니다. 하지만 묵자의 사랑은 명확하고 구체적이며 또한 실질적입니다. 혼란을 잘 다스리고 천하의 해로움을 제거하려는 명확한 목적을 가진 사랑이니까요.

묵자의 사랑, 즉 겸애는 합목적적이며, 따라서 개인의 윤리적 도덕률이라기보다는 관계를 일구어 내거나 나라를 잘 다스리기 위한 원리입니다. 그렇다고 해서 실천하기 어려운 것도 아닙니다. 강자나 부자, 귀한 사람이 약자, 가난한 자, 천한 사람을 인격적이고 경제적으로 대우해 주면 될 뿐입니다.

천하의 사람들이 모두 서로 사랑하면 강자는 약자를 억누르지 않고, 다수가 소수를 겁박하지 않으며, 부자가 가난한 사람을 모욕하지 않으며, 귀한 사람이 천한 사람을 업신여기지 않고, 영악한 사람이 어리석은 사람을 속이지 않습니다. 천하의 재앙과 찬탈, 원망과 한탄이 생기지 않게 하려면 서로 사랑해야 합니다.

天下之人皆相愛(천하지인개상애) 強不執弱(강불집약) 眾不劫寡(중불겁과) 富不侮貧(부불모빈) 貴不敖賤(귀불오천) 詐不欺愚(사불기우) 凡天下禍篡怨恨可使毋起者(범천하화찬원한가사무기자) 以相愛生也(이상애생야)

묵자의 겸애는 '만인에 대한 만인의 투쟁'에서 '만인에 대한 만인의 사랑'으로 전환하는 매개적 역할을 했다고 합니다. 그 목적은 천하의 해로움을 제거해 사회적 약자에 대한 이익을 증가시키는 데 있었고요. 특히 묵자는 노동력을 상실한 노인과 과부, 고아에 대한 배려를 강조했는데 여기서 그 어떤 구성원도 소외되지 않는 공동체를 지향하는 묵자의 면모를 엿볼 수 있습니다.

그렇다면 궁금합니다. 과연 모두를 사랑하는 게 가능할까? 묵자는 이를 겸애와 함께 주장한 '교상리(交相利)'를 통한 실천으로서 가능하다고 합니다. 남을 사랑하는 것과 서로에게 이익이 된다는 건 논리적으로 연관되어 있다는 거죠. 이렇게 묵자의 겸애 그리고 교상리는 '나'로부터 출발하는 게 아니라 '너'로부터 출발합니다.

어떤가요. 묵자의 사랑법, 더 잘살 수 있는 하나의 화두를 제시한 것 같지 않나요. 우리가 살아가는 이 공동체의 기본 전제로서, 현대사회의 공동체의 실천, 운동에 대한 이념과 방법론으로서도 의미를 지니는 묵자의 겸애론에 관심을 둘 때가 아닌가 합니다.

자신을 거울삼지 말고,
주변을 거울삼아야 하는 이유

물에다 자신을 비추면 얼굴 모습을 보게 되고
사람에다 자신을 비추면 길과 흉을 알게 된다

鏡于水 見面之容 鏡於人 則知吉與凶
경우수 견면지용 경우인 즉지길여흉

군자는 물을 거울로 삼지 않고

사람을 거울로 삼는다고 하였습니다.

물을 거울로 삼으면 기껏해야 자기 얼굴 모습이나 볼 수 있으나

사람을 거울로 삼으면 길흉을 알 수 있습니다.

君子不鏡于水(군자불경우수) 而鏡于人(이경우인) 鏡于水

어제보다 나은 인생을 위해 반드시 알아야 할 것

(경우수) 見面之容(견면지용) 鏡于人(경우인) 則知吉與凶

(즉지길여흉)

—《묵자》,〈비공(非攻)〉중에서

사마천의《사기》에는 전국 시대 진나라에 관한 이야기가 수록되어 있는데, 당시 진나라가 발전할 수 있었던 데는 외국 출신 두 사람의 역할이 컸다고 합니다. 한 사람은 위나라 출신으로 국가의 정치적 전면 개혁을 성공시킨 상앙(商鞅)이었고, 또 한 사람은 원교근공(遠交近攻)이라는 외교 정책을 수립한 또 다른 위나라 출신인 범수(范睢)였습니다.

범수는 위나라 출신이지만 자신의 고향에선 죽을 고비를 넘기고 진나라로 건너와 재상이 되는 등 최고의 권세를 누립니다. 외교는 물론 진나라가 국가적 차원에서 행하는 거의 모든 정책에서 영향력을 발휘하게 된 것이죠. 그러나 외국, 즉 위나라 출신의 범수에 대한 진나라 기득권 세력의 견제는 만만치 않았습니다.

그러던 어느 날이었습니다. 연나라 출신으로 훗날 진나라의 재상이 된 채택(蔡澤)이란 사람이 범수를 찾아옵니다. 그리곤 '잘나갈 때가 물러날 때'라며 범수의 자진 퇴진을 권합니다. 범수가 언짢아하며 반발하자 채택은 다음과 같은 말들로 범수에게 조언합니다.

"명성과 공명(功名)을 모두 다 이루는 것이 가장 좋습니다.
그다음으로 공명은 후대에 모범이 되나 명성을 보전하지 못
한 것이 다음으로 좋습니다. 하지만 공명은 치욕을 당하고
명성만 보전한 것은 최악의 것입니다."

즉, '범수 당신보다 뛰어나고 공도 훨씬 많이 세웠던 사람들도 한
번 의심을 받으면 천명을 누리질 못하고 죽음에 이르렀는데 과연 범
수 당신은 훗날 어떻게 될 것이냐?'라는 일종의 충고였던 거였습니
다. 그리고 한마디를 덧붙입니다.

"저는 '물을 거울로 삼는 사람은 자신의 얼굴 생김새를 알 수
있고, 사람을 거울로 하는 사람은 자기 자신의 길흉을 알 수
있다'라고 들었습니다."

'감우수자견면지용(鑒于水者見面之容) 감우인자지길여흉(鑒于人者知
吉與凶)' 즉, "물을 거울삼으면 자신의 얼굴 생김새만 볼 수 있을 뿐이
나, 사람을 거울삼으면 자기에게 일어날 길흉을 알 수 있다"라는 채
택의 말에 범수는 정신이 번쩍 듭니다. 현명했나 봅니다. 범수는 채
택의 말을 '채택'합니다.

"좋은 말씀이오. 나 역시 '욕심을 부리며 그칠 줄을 모르면 그 욕심 부린 것조차 잃게 되고, 차지하기만 하고 만족할 줄 모르면 가진 것조차 잃는다'라는 것을 알고 있소. 다행히 선생께서 내게 가르쳐 주셨으니 삼가 가르침을 따르겠소."

범수는 채택의 말대로 병을 핑계로 재상 자리에서 물러납니다. 그의 나머지 생애는 어땠을까요. 평안하고 평화로웠습니다. 말 그대로 멈출 줄 알았기에 자신의 천수를 누릴 수 있었던 것이죠. 멈춤을 알았던 범수의 선택이 그를 여유로운 삶으로 이끌었습니다. 지금을 사는 우리 역시 잠시 멈춰 서서 주변 사람들이 나를 어떻게 바라보느냐를 알아채야 하는 건 아닐까요.

◇◇◇

확실한 것은 아무것도 없다

거울이 아니라 사람을 통해 자신을 바라보는 건 일종의 겸손이라고 생각합니다. 특히 강자일수록, 갑일수록, 상대방을 통해 자신을 바라볼 줄 아는 것은 '강자인 내가 약자인 상대방에게 의지할 수 있는 태도'로서 바람직한 겸손입니다. 예를 든다면 직장 상사가 자신의 부족함이 있을 때 더 많이 아는 부하 직원을 인정하고 도움을 구할 줄 아는 것이 될 것입니다.

조직 생활을 할 때 수없이 많이 듣는 단어는 '리더십'입니다. 리더십을 설명하는 개념에는 수없이 많은 이야기가 나올 수 있으나 겸손의 관점에서 리더십을 정의한다면 이렇게 말할 수 있을 겁니다. '오직 하나의 올바른 개입만이 있을 것이라고 전제하지 않는 것.' 이는 자신의 의견만을 고집하는 대신, 자신의 부족함을 당당하게 받아들이는 태도입니다.

'나르시시즘(Narcissism)'이란 말이 있습니다. 자기애(自己愛, Self-love)라고 번역되는 정신분석학적 용어로, 자신의 외모, 능력과 같은 어떠한 이유를 들어 지나치게 자신이 뛰어나다고 믿거나 사랑하는 자기중심성 성격 또는 행동을 말합니다. 물에 자기의 얼굴을 비춰 봅니다. 이는 나르시시즘을 더하는 것 그 이상도, 그 이하로도 기능하지 못합니다.

우리가 살아가는 세상과 화해하며 잘 지내려고 한다면 이제 물이 아닌 사람에게 자신의 모습을 비춰 볼 수 있어야 합니다. 사람을 통해 자신의 모습을 바라볼 수 있어야 거기에서 자기의 장단점을 객관적으로 알 수 있습니다. 그것을 따라 취하고 버릴 수 있습니다. 이때

어제보다 나은 인생을 위해 반드시 알아야 할 것

자신을 비춰 볼 사람은 가능하면 자신의 주변에 있는 사람이면 더 좋겠습니다.

모든 사람은 자기중심적이고 자신의 판단을 신뢰하며 진리라고 믿으려 합니다. 자신의 신념과 일치하는 정보는 받아들이지만 그렇지 않은 정보나 타인의 가치관은 무시하는 확증 편향을 지니는 경우가 대부분입니다. 그렇게 자기는 물론 세상과 불화를 일으키면서 매일 불필요한 싸움을 합니다. 이때 필요한 것은 나를 바라보는 누군가를 잘 지켜보는 일이 아닐까 합니다.

자신의 길흉을 예측하는 법

"앞으로 잘될까요?"

"1년 후는요?"

요즘 '타로'가 인기라고 합니다. 특히 젊은 세대에게 말입니다. 사주, 역학 등 아무래도 접근하기 어려운 예측 수단보다는 재미도 있고 접근성도 좋은 타로를 통해 고민을 해소하고 있는데 이 같은 배경에는 젊은이들의 불안 심리가 내재되어 있습니다. 사회 경제적으로 취약한 청년층들이 잠시의 불안 해소를 위해 타로에 의지하는 거죠.

연애, 진로, 이직 등 인생에서 중요한 결정을 해야 하는 순간이 많아졌지만 이를 상담해 줄 만한 어른의 부재가 어쩌면 이 타로 열풍을 부추겼을 수도 있습니다. 사실 일종의 자기 충족적 예언, 즉 자신이 바라는 대로 현실이 따르는 듯한 자기암시를 타로에서 충족하고 있다는 견해도 있습니다. 코로나19 등으로 팍팍해진 마음에 위안을 얻기 위해 선호하는 것이죠.

여기저기 타로를 통해 '내 미래는 좀 나아질 수 있을까?' 하는 지푸라기만큼의 희망을 마음에 품고자 하는 발버둥이 안쓰럽습니다. 실제로 타로를 상담해 주는 사람들이 가장 싫어하는 손님 분류 중의 하나가 '듣고 싶은 대답만 들으려고 하는' 손님이라고 하니까요. 자기가 원하는 답을 듣지 못한 손님은 다른 타로 가게로 가서 기꺼이 상담료를 낸답니다.

만약 제가 타로 가게를 찾는다면 저 역시 비슷할 것 같습니다. 뭐가 비슷하냐고요? 저 역시 '괜찮다'라는 말을 듣고 싶을 듯합니다. 열심히 해 놓고도 불안할 때, 다 해 놓고 다음에는 뭘 할지 모를 때 '조금만 견뎌 봐. 믿어 봐'라는 답변을 기대하는 것이죠. 잠시의 위안을 위해 타로를 보고 또 거기에서 마음의 안정을 찾았다면 그깟 상담료 정도는 얼마든지 낼 수 있습니다.

하지만 그것이 일회성의 그 무엇으로 끝나 버린다면, 또 그것이 일상적으로 반복되어야 한다면 뭔가 허전하지 않을까요. 좀 더 근본적인 자기 예측의 고민을 위해 타로 이상의 무엇인가를 찾아봐야 하지 않을까요. 저 역시 정신을 차리고 묵자의 말에 귀를 기울여 봅니다.

군자는 물을 거울로 삼지 않고 사람을 거울로 삼는다고 하였으니 물을 거울로 삼으면 기껏해야 자기 얼굴 모습이나 볼 수 있으나 사람을 거울로 삼으면 길흉을 알게 되기 때문입니다.

君子不鏡于水(군자불경우수) 而鏡于人(이경우인) 鏡于水(경우수) 見面之容(견면지용) 鏡于人(경우인) 則知吉與凶(즉지길여흉)

타로에 우리의 마음을 의지하는 것은, 자신의 얼굴을 물에 비추어 보는 것, 그 이상도 이하도 아닐 것입니다. 어렵지만 우리 주변을 둘러싼 사람에게 자신의 모습을 비춰 본다면? 세상을 향해 어떻게 나가야 할지에 대한 화두를 얻어 낼 수 있을 것이고요. 더 나아가 자신의 길흉화복을 예측할 수 있을지도 모릅니다. 묵자의 말처럼 말이죠. 우리가 역사를 공부하는 이유도 비슷하지 않을까요. 역사는 과거에 있었던 사실을 기록하는 학문입니다. 동양에서는 이러한 역사를 단순한 사실의 수집으로 보지 않고 거울에 즐겨 비유했습니다. 우리가 거울을 보고 옷매무새를 가다듬듯이, 역사의 거울을 보며 자신의 잘잘못을 살펴보라는 뜻입니다.

주변 사람에게 나 자신을 비춰 볼 수 있어야 합니다. 묵자 역시 자신을 비춰 보는 도구는 물보다는 사람이 더 유익하다고 하지 않았습니까. 물론 물도, 사람도 모두 거울과 같은 기능을 합니다. 하지만 '경수', 즉 물을 비춰 자신을 보는 것은 보는 사람의 겉모습만 비춰 주지만 '경인', 즉, 사람에 자신을 비춰 보는 것은 보는 사람의 길흉을 예측하게 합니다.

바삐 출근길에 나섰다가 거울을 보고 단추의 좌우가 맞지 않는 것을 알아차리고 서둘러 옷매무새를 고칩니다. 마찬가지입니다. 바삐 살다가 우리 주변의 사람을 거울로 삼아 불행을 고치고 평안함을 지향해야 합니다. 나의 쓸모가 뭔가 없어진 것 같은 느낌이 들었다면, 타로를 보기 전에 묵자의 말에 귀를 기울여 보면 좋겠습니다.

작은 것을 버리고,
큰 것을 취하라

•

이로움 가운데에서 큰 것을 취할 것

利之中取大
이지중취대

손가락을 잘라 팔을 보존했다면

이로움 가운데에서 큰 것을 취한 것이며,

해로운 것 가운데서 작은 것을 취한 것입니다.

斷指以存擊(단지이존완) 利之中取大(이지중취대) 害之中取

小也(해지중취소야)

손가락과 팔은 사람 신체의 중요한 부분입니다. 신체 기능을 제대로 발휘하기 위해 손가락도 중요하고 팔도 중요한 것이죠. 하지만 손가락을 자르지 않으면 팔을 쓰지 못하는 병에 걸렸다면, 사람들은 아마 서슴지 않고 손가락을 자를 것입니다. 신체 부위 중 팔이 손가락보다 더 크고 중요하다고 여기기 때문입니다.

최선은 아니나 차선을 선택하는 것, 손가락과 팔 모두를 쓰지 못하게 되는 것보다 팔이라도 남기는 것이 옳은 것이죠. 기업체가 운영의 부담을 줄이기 위하여 구조 조정을 단행하는 것도 실상은 전체를 살리기 위한 선택입니다. 실패, 좌절 등의 어려움 앞에서 우리가 선택해야 할 것이 무엇인가를 고민할 때 늘 일어나는 일이기도 합니다.

나이가 들어갑니다. 마흔이 되고 오십을 눈앞에 둡니다. 나이가 들수록 홀가분해져야 할 텐데 실상은 그 반대입니다. 딱히 가진 게 많지도 않은데 뭔가 잃을까 봐, 실패할까 봐 자꾸 주저하게 되는 것 같습니다. 인생은 점점 길어지고만 있음에도 용기를 내지 못하고, 있는 자리에서 머뭇거리고만 있는 겁니다.

이제 이전과 달리 조금 더 용기를 내서 새로운 일에 도전하면서 살아도 괜찮습니다. 물론 그 과정에서 어쩌면 우리가 갖고 있던, 정말 중요하다고 생각했던 그 무엇을 내려놔야 할지도 모르겠습니다. 하지만 괜찮습니다. 아니, 그래야만 합니다. 이 평범한 사실을 외면해서는 새로운 삶을 살아가는 우리의 공부는 그리 만족스럽지 못할지도 모르기 때문입니다.

인생은 객관식이 아니다

대니 보일 감독의 영화 〈127시간〉은 조난 실화를 그린 작품입니다. 실존 주인공인 '에런 랠스턴'은 실제로 지난 2003년 5월 유타주에 위치한 블루존 계곡을 홀로 오르다 바위에 굴러 떨어져 팔이 끼이는 사고를 당합니다. 그는 완전히 고립되고 몸을 옴짝달싹할 수 없게 됩니다. 물과 식량은 다 떨어지고 기력이 소진된 상황, 그는 어떻게 했을까요.

닷새간을 버티던 그는 결국 바위에 낀 자신의 오른 팔뚝을 날이 무딘 산악용 나이프로 절단합니다. 그리고 생존합니다. 이 영화는 그 자체로 '생존의 기술'이 무엇인지를 보여줍니다. 영화 속 에런 랠스

턴은 팔이 바위에 끼인 바로 다음 자기가 가진 모든 소지품을 바위 위에 올려놓고 용도를 생각합니다. 자신이 가진 걸 객관적으로 바라보려고 한 것이죠.

거기에서 멈추지 않습니다. 그는 내내 캠코더의 전원을 켜고 끊임없이 대화합니다. 이유는 자신과 자신이 처한 상황을 '객관화'하기 위한 것이었죠. 그렇게 자신을 객관화할 수 있었기에 구조대를 막연히 기다리다가 지쳐서 흔적도 없이 사라지는 대신 살기 위해 결국 팔을 절단하지 않으면 안 된다는 자명한 사실을 받아들일 수 있게 됩니다.

우리가 처한 상황, 개인마다 상황은 다르겠으나 모두 영화 〈127시간〉의 주인공과 비슷하지 않나요. 생존하기 위해서 우리는 무엇인가를 잘라 내야 합니다. 그런데 우선 그것이 무엇인지를 알려고 하지 않습니다. 알았다고 하더라도 그것을 잘라 낼 엄두를 내지 못합니다. 그렇게 서서히 죽어 갑니다. 신체적으로 그리고 영혼적으로 말이죠.

'가만히 있으라!' 이젠 이 말이 얼마나 황망한 것인지를 우리는 잘 압니다. 엉뚱한 것을 행하라는 건 절대 아닙니다. 하지만 '이 또한 지나가리니!'라면서 자기 주변의 문제들이 저절로 종식되기를 기다리는 것은 인생에 대한 예의가 아닙니다. 겨울잠에 든 짐승처럼 아무것도 하지 않고 가만히 있는 것은 언뜻 가장 안전해 보이지만 변화를 놓치는 위험한 선택인 거죠.

인생은 객관식이 아닙니다. 물론 내 앞에 놓인 인생이 평이한 객관식 수준이기를 바라는 마음이 있는 건 어쩔 수 없는 사실입니다. 하지만 시간과 공간은 늘 주관식으로 다가옵니다. 몇 줄 안 되는 질문지에 답을 할 줄 알아야 살아남을 수 있는 게 엄연한 사실입니다. 행복하고 안전한 삶을 원한다면 갑작스러운 주관식 질문에 잘 대답할 수 있어야 합니다.

고통에 익숙한 사람은 없다

평이한 객관식 문제가 아닌, 복잡하고 어려운 주관식 문제를 받아든 우리, 묵자의 이야기를 영화 〈127시간〉과 연계하여 다시 들여다봅니다. 고립된 곳에서 혼자 외로이 죽어갈 것인가, 아니면 그 죽음의 예견을 이겨 내고 지금의 고통을 감내할 것인가. 묵자는 단호하게 말합니다. 고통 가운데에서 작은 것을, 이로움 가운데서 큰 것을 선택하라고 말입니다.

손가락을 잘라 팔을 보존했다면

이로움 가운데에서 큰 것을 취한 것이며,

해로운 것 가운데서 작은 것을 취한 것입니다.

斷指以存擊(단지이존완) 利之中取大(이지중취대) 害之中取

小也(해지중취소야)

손가락을 잘라야 합니다. 그래야 팔을 보존할 수 있기 때문입니다. 몸이 위험하다고요? 그렇다면 당연히 팔을 잘라 내야 합니다. 왜냐하면 생존이 우선이기 때문입니다. 손가락 없는 팔과 화해할 수 없다면, 팔 없는 몸과 동행할 수 없다면, 우리에게 남는 건 죽음일 뿐입니다. 그 선택의 기로에서 우리가 해야 할 것은 무엇인지 고민해 봐야 합니다.

지금은 세상이 모든 '극함'으로 수렴되고 있습니다. 극한 시간, 극한 장소, 극한 환경 등이 그것입니다. 결국 우리는 희생자가 될 것인지, 생존자가 될 것인지를 선택해야 하는데 이때 묵자의 이야기는 우리에게 '극한 상황에서 살아남는 법칙'을 알려 줍니다. 인생에서의 길을 잃은 경우를 비롯해 갑작스런 고난 등이 다가올 때를 대비하게 해 주는 것이죠.

저도 나이를 먹을 만치 먹었으나 여전히 세상의 어려움에는 늘 취약합니다. 저만 이럴까요. 아마 대부분 사람은 각종 고난과 고통에 비슷한 반응을 보일 겁니다. 자신이 있는 곳은 물론 목적지에 대한 좌표를 잃었으며, 고립돼 죽을지도 모른다는 사실을 부정하는 단계에서 '왜 나에게 이런 일이…'라는 우울과 짜증, 분노, 무기력에 휩싸이게 되는 것이죠.

그러다 최후에 이르게 됩니다. 그것이 목숨이든, 포기든 뭐든 말이죠. 이성이 마비되고, 자신이 가진 최소한의 생존 조건마저 완전히 망각하며 미친 듯이 미로를 뱅뱅 돌다 비극을 맞는 겁니다. 무서운 일이자 마주하고 싶지 않은 상황입니다. 생존자가 될 것인가, 희생자가 될 것인가의 갈림길에 서게 됩니다. 이때 묵자는 조언합니다. 극히 단순한 2단계의 생존법을 배우라고.

첫째, 객관적 현실을 먼저 파악할 것.
둘째, 그 객관적 현실 속에서 할 수 있는 것을 행할 것.

생존하고자 한다면 누군가의 도움을 무작정 기다리기보다 도움 받을 확률이 제로에 가깝다는 현실을 받아들이며, 자신이 가진 모든 조건을 활용해 삶을 연장시켜야 합니다. 물론 쉽지 않습니다. 절망과 고통에 익숙해지고, 과거와 자신이 사랑하는 사람들을 생각할 줄 아는 사람만이 가능한 태도일 겁니다.

바둑에 관한 격언 중 '작은 것을 버려야 시야가 넓어져 큰 것을 얻을 수 있다'는 '사소취대(捨小取大)'라는 말이 있습니다. 불교적 해석에 의하면 이때 '사(捨)'는 집착을 버리고 마음의 평온을 찾아가는 과정을 의미합니다. 마찬가지입니다. 작은 가치를 버리고 큰 가치를 취하는 것, 이지중취대(利之中取大)의 마음으로 살아가려는 마음가짐이 우리가 가져야 할 태도일 겁니다.

어제보다 나은 인생을 위해 반드시 알아야 할 것

그림자와 메아리에서
얻을 수 있는 것은 없다

그림자와 메아리로부터 도대체 무엇을 얻고자 하는가?

何得於景與響哉
하득우경여향재

노양의 문군이 묵자에게 말했습니다.

"저에게 충신(忠臣)이란 어떤 사람인지를 말해 준 사람이
있었는데 그에 따르면 충신이란 (왕이) 내려다보라고 하면
내려다보고 올려다보라고 하면 올려다보며 제자리에 있으
라고 하면 가만히 있고 부를 때 비로소 대답하는 사람이라
했는데 정말 그런 사람이 충신이 맞습니까?"

묵자가 대답하였습니다.

"내려다보라고 내려다보기만 하고 올려다보라고 올려다보기만 한다면 그건 그림자와 같을 뿐입니다. 제자리에 있으라고 했다고 가만히 있기만 하고 부르면 그때서야 대답한다면 그건 메아리와 같을 뿐입니다. 왕께서는 장차 그림자와 메아리로부터 도대체 무엇을 얻고자 합니까?"

魯陽文君謂子墨子曰(노양문군위자묵자왈) 有語我以忠臣者(유어아이충신자) 令之俯則俯(영지부즉부) 令之仰則仰(영지앙즉앙) 處則靜(처즉정) 呼則應(호즉응) 可謂忠臣乎(가위충신호) 子墨子曰(자묵자왈) 令之俯則俯(영지부즉부) 令之仰則仰(영지앙즉앙) 是似景也(시사경야) 處則靜(처즉정) 呼則應(호즉응) 是似響也(시사향야) 君將何得於景與響哉(군장하득우경여향재)

—《묵자》,〈노문(魯問)〉중에서

일과 삶의 균형이라는 말을 그토록 많이 들어오긴 했으나 저는 일로 인해 삶을 힘들게 하였습니다. 그 삶에는 특히 사랑하는 사람들이 포함되어 있습니다. 직장에서는 말 잘 듣는 토끼처럼 지냈습니다.

어제보다 나은 인생을 위해 반드시 알아야 할 것

하지만 집에 돌아오면 무서운 호랑이로 돌변했지요. 아마 업무 스트레스를 가족이라는 테두리 안에서 보상받고자 하는 심리가 있었나 봅니다.

'내 아이들이니까 나에게 무조건 복종해야 한다'는 생각이 특히 강했습니다. 그러니 대화가 잘 이루어질 수가 없었죠. 이는 가족의 단절과도 연결됩니다. 제가 겪어야 했던 수많은 불화는 아마 저의 고집에서 비롯되지 않았나 생각됩니다. 남편 혹은 아버지의 자리를 주장하면서 복종만을 강요하면 가족 구성원 간 보이지 않는 벽은 높아지게 됨을 간과했던 것이죠.

특히 제가 잘못했던 것이 있습니다. 가족 각각의 독립을 인정하지 못했던 것이죠. 독립을 인정하는 것은 일종의 방치라고 스스로 착각하면서 말입니다. 이제는 압니다. 가족 구성원 간의 끈끈한 유대감을 유지하기 위한 선행 요건으로 '무작정의 결합'보다는 '적절한 분화'가 우선되어야 함을 말입니다. 상대방이 원치 않는 결합은 사랑이 아니라 폭력임을 알게 되었습니다.

가족 구성원의 안정적인 분화를 위해서는 서로에 대한 신뢰가 필요합니다. 자신이 무엇인가를 하려고 해도 어쩌면 버림받을 수도 있음이 각인되는 순간, 가정의 화목은 불가능하게 될 것입니다. 가족이라는 테두리가 무조건적인 보호를 받는 안식처라고 생각하기보다는 구성원 모두가 평등하게 권리를 누리고 서로 신뢰할 수 있는 관계여야 하는 이유입니다.

그렇다면 지금 우리의 가정이, 좀 더 범위를 넓혀서 우리 주변의 관계가 잘 이루어지고 있는지, 적절한 분화가 되고 있는지를 어떻게 확인할 수 있을까요.

묵자는 말합니다. 내가 배워야 할 사람인지, 가르쳐야 할 사람인지를 확인하고 나서 누구에게 배워야 할 것인지를 파악하라고 말입니다.

차라리 말하지 않는 게 낫다

신기합니다. 취업난이 심해졌다고 취업 준비생들은 말하지만 실제 몇몇 업계에서는 구인난이 심화되고 있기 때문입니다. 잘나간다는 IT 회사들조차 그러하다고 하네요. 그 이유는 무엇일까요. 소통의 부재가 핵심이라고 합니다. 사람들은 말합니다. 20~30대 특성상 아무리 돈을 많이 줘도 조직 문화가 뒤떨어지면 그 조직에 관심이 없다고 말입니다.

뒤떨어진 조직 문화란 어떤 것을 말할까요? 일방적인 소통이 그 사례일 겁니다. 교장 선생님의 훈화 말씀 같은 것이 되겠지요. 직장에서도 마찬가지입니다. 무슨 행사가 있을 때마다 절대 빠지지 않는 '대표님 훈화 말씀' 역시 듣는 사람에게는 일종의 폭력적인 언어일 뿐입니다.

이래서는 조직이 성과를 내기가 쉽지 않습니다. 요즘 사람들은 자신의 역량을 키워 주는 기업을 선호하기 때문에 이들에게 내적인 동기 유발을 해 주는 기업들이 많아져야 하는데, 여전히 듣는 상대방의 마음은 파악하지 못한 채 윗사람이 일방적으로 자기 이야기만 하고, 자기 생각만 강요한다면 관계의 해체만이 남게 될 겁니다.

저는 기업체 특강을 할 때 늘 이런 이야기를 합니다. '마흔 이후의 세대가 최근 세대와 제대로 된 소통을 하고 싶다면 다음 세대가 마흔 이후의 세대보다 더 대단하고 많은 일을 해낼 수 있다는 사실을 인정해야 한다'라고 말입니다. 가르치려는 마음가짐보다 배우겠다는 마음가짐이 오히려 소통의 양과 질을 보장해 줍니다.

성공과 성취를 이룬 어른 세대가 해야 할 일은 훈계보다 함께 고민하는 것입니다. 아니, 더 나아가 자신이 이룬 성공에 대해서는 '운이 좋았다'라고 이야기해야 하며 혹시 실패를 말할 수만 있다면 당시 정황을 기술해 주고 무엇이 자신의 문제였는지 설명하는 것이 필요합니다. 이럴 때 소통은 저절로 이루어집니다.

그렇습니다. 소통은 별다른 게 아닙니다. 아는 척만 안 해도, 가르치려 드는 태도만 버려도 소통은 불통에 이르지 않습니다. 마흔 이후의 세대는 성과와 분배의 공정에만 초점을 두고 살아왔습니다. 하지만 최근의 세대는 기회의 공정에 관심이 큽니다. 공정이라는 주제는 한국 사회의 오랜 화두였긴 하지만 그것을 바라보는 시각도 달라진 것이죠.

일방적인 소통은 반드시 사라져야 합니다. 이는 국가건, 사회건 그리고 가정이건 마찬가지입니다. 위에서 아래로 일방적으로 흐르는 소통은 진보를 막기 때문입니다. 위와 아래라는 구분부터 해체해야 합니다. 위와 아래라는 건 상황에 따른 것이지, 나이나 지위에 의함이 아님을 먼저 인정해야 합니다. 그래야 소통도 가능하고 또 발전도 기대할 수 있을 겁니다.

아랫사람에게 배울 줄만 알아도

묵자의 이야기 중에서도 제가 제일 좋아하는 이야기는 〈노문〉편에

수록되어 있습니다. 뻔한 이야기 같으나 한번 천천히 읽어 보면서, 인생의 남아 있는 삶을 위한 화두로 삼아보면 어떨까 합니다.

어느 날 묵자가 노양이라는 나라의 문군이라는 왕을 접하게 됩니다. 묵자의 명성을 알던 문군은 묵자에게 충신(忠臣)이란 무엇인가를 묻습니다. 그런데 그 물음부터 재미있습니다.

> "충신이란 어떤 사람인지를 여기저기에 물어봤습니다. 그런데 이런 말을 누군가 해 주더군요. 충신이란 왕인 제가 내려다보라고 하면 내려다보고만 있고, 올려다보라고 하면 올려다보고만 있으며, 제자리에 있으라고 하면 가만히만 있고, 부를 때야 비로소 대답하는 사람이라는 겁니다. 정말 그런 사람이 충신이 맞습니까?"

有語我以忠臣者(유어아이충신자) 令之俯則俯(영지부즉부)
令之仰則仰(영지앙즉앙) 處則靜(처즉정) 呼則應(호즉응)
可謂忠臣乎(가위충신호)

저는 우선 왕의 질문을 통해 문군이 최소한 현명한 왕이라는 걸 인정하고 싶습니다. 자신이 왕이니 자기 마음대로 편하게 생각할 수 있음에도 이를 굳이 묵자에게 물으려는 배움의 태도가 마음에 듭니다. 둘째, 이미 여러 명으로부터 답을 받았음에도 자신이 생각하기에 부족함이 있을 때 더 나은 지혜를 얻으려는 모습도 괜찮아 보입니다. 이에 대한 묵자의 대답은 어떠했을까요.

"왕이시여! 왕이 내려다보라고 했다고 내려다보기만 하고, 올려다보라고 했다고 올려다보기만 한다면 그건 그림자와 같을 뿐입니다. 제자리에 있으라고 했다고 가만히 있기만 하고 부르면 그때서야 대답한다면 그건 메아리와 같을 뿐입니다. 왕께서는 장차 그림자와 메아리로부터 도대체 무엇을 얻겠습니까?"

子墨子曰(자묵자왈) 令之俯則俯(영지부즉부) 令之仰則仰(영지앙즉앙) 是似景也(시사경야) 處則靜(처즉정) 呼則應(호즉응) 是似響也(시사향야) 君將何得於景與響哉(군장하득우경여향재)

'그림자와 메아리로부터 도대체 뭘 얻겠냐?'라는 말, 저는 모두가 꼭 이 이야기를 인생과 사회생활의 화두로 삼으면 좋겠습니다. 우리는 어제보다 나은 오늘, 오늘보다 나은 내일을 기대합니다. 발전하려는 마음이 가득합니다. 하지만 보고 싶은 것만 보고, 듣고 싶은 것만 듣는다면 과연 우리의 미래에는 어떤 모습이 기다리고 있을까요.

묻고 싶습니다. 소통, 정말 잘되고 있습니까. 당신이 상사라면, 가장이라면, 나이가 많다면, 부하 직원, 가족, 나이가 어린 사람들과 이야기가 잘 이루어지고 있습니까. 묵자의 이야기에 비추어 혹시 주변의 사람들이 당신이 '엎어져!' 하면 엎어지고 '자빠져!' 하면 자빠지며 평상시에는 찍소리도 하지 못하고 있는 건 아닌지 확인하길 바랍니다. 왜냐고요? 그림자와 메아리에 기대할 건 없으니까요.

[5장]

비우고 내려놓을 때 비로소 채울 수 있다 —— 노자

노자
老子

노자(기원전 6세기 전후 출생·사망한 것으로 추정)는 춘추 시대 말기의 철학자로, 성은 이(李), 이름은 이(耳), 시호는 담(聃)입니다. 초나라에서 태어났으나, 주나라에서 도서관의 장서를 관리하는 일을 했다고 합니다. 노자가 살던 시기는 춘추 시대로 정치적 혼란기였지만, 역설적으로 제자백가가 등장하면서 서양의 르네상스 시기처럼 학문의 발전이 이루어지기도 했습니다. 이때 제자백가 중 하나였던 노자는 '무위자연(無爲自然, 꾸밈없이 자연의 순리에 따라 살아야 한다)' 등을 기치로 하는 사상을 설파합니다.

노자는 인위적으로 만들어 낸 사회 제도가 혼란의 원인이라고 여겼습니다. 인간의 잘못된 인식으로 인해 사물의 겉모습을 판단하게 되고, 오해로부터 시작된 사물의 겉모습에 이끌려서 사물의 본질이나 가치를 바르게 바라보지 못하게 되는 것이죠. 따라서 노자는 본연의 모습을 추구하고, 자연히 이끌리는 삶을 살아갈 때 고통과 혼란 없이 초연히 살아갈 수 있다고 봅니다.

그러므로 법률, 도덕, 풍속 등 인위적인 것에 얽매이지 말고 사람의 가장 순수한 양심에 따라, 있는 그대로의 모습을 지키며 살아갈 때 비로소 도에 이를 수 있다고 말합니다. 이러한 활동으로 노자는 후세에 '도교의 시조'로 불리면서 그의 생각은 '노장 사상' 또는 '도가 사상'으로 발전하여, 유교와 함께 중국 정신 사상사에서 중요한 의미를 갖게 됩니다. 특히 노자의 말을 담았다는 《도덕경》은 핵심 중의 핵심적 내용입니다.

《도덕경》을 저술하게 된 계기도 흥미롭습니다. 노자가 쇠망해 가는 주나라를 떠나면서 진나라로 들어가는 길목인 함곡관에서 성문을 지키는 문지기에게 책을 써 주었다는 겁니다. "선생님을 앞으로 오래 못 뵐 거 같으니 저를 위해 한 말씀 남겨 주세요"라는 문지기의 요청에 답한 것이 《도덕경》이라는 것이죠. 이 책을 마지막으로 노자가 어떻게 되었는지는 아무도 알지 못한답니다.

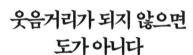

웃음거리가 되지 않으면
도가 아니다

도라고 할 수 있는 도는 영원한 도가 아니다
이름 지을 수 있는 이름은 영원한 이름이 아니다

道可道 非常道 名可名 非常名
도가도 비상도 명가명 비상명

도라고 말할 수 있는 것은 영원한 도가 아닙니다.

이름 붙일 수 있는 것은 영원한 이름이 아닙니다.

이름 붙일 수 없는 것은 온 세상의 시작이며

이름 붙일 수 있는 것은 모든 것의 어머니입니다.

道可道(도가도) 非常道(비상도) 名可名(명가명) 非常名(비

상명) 無名天地之始(무명천지지시) 有名萬物之母(유명만물

지모)

—《도덕경》,〈제1장〉중에서

저는 책 읽는 것을 좋아합니다. 책을 읽고 나서 나름대로 리뷰도 써 보곤 합니다. 물론 부족한 글 솜씨에 저 나름의 공간에서만 글을 쓰고 또 혼자 읽어 봅니다. 리뷰를 잘 쓰는 분들의 글을 참고하는 건 물론입니다. 그런데 리뷰를 읽다 보면 두 가지 유형이 있는 듯합니다.

우선 읽은 책의 내용 하나하나의 정확성을 밝히는 것 같은 리뷰입니다. 이런 리뷰는 일단 그 책을 쓴 작가에 대한 조사부터 시작합니다. 그가 언제 태어났는지, 어디에서 무엇을 했는지 말이죠. 마치 탐정이 누군가의 의뢰를 받아서 뒷조사하는 것처럼, 아니면 박사 과정 대학원생이 논문을 쓰듯 정확성에 목숨을 겁니다. 동양 고전이라면 한자 한 글자에도 수없이 많은 해석과 추측을 합니다.

물론 대단합니다. 그 깊이에 놀라고요. 하지만 개인적으로 좋아하는 리뷰는 이렇게 고증하듯 책을 파헤치는 리뷰가 아닙니다. 저자가 어디에서 태어났는지, 그래서 뭘 했는지, 그러다가 어떤 말을 했는데 그 말이 진짜인지 거짓인지를 분별하는 리뷰는 개인적으로는 버겁기만 할 뿐 감동은 덜합니다.

제가 좋아하는 리뷰는 책의 단 한 문장만을 가지고도 자신의 일상생활에 접목하여 해석하는 글입니다. 책을 분석하는 게 아니라 책에 있는 단어 하나, 문장 하나를 갖고 자신이 살아온 경험을 돌이켜 보고, 반성하며, 여기에서 더 잘 살아가고자 하는 계획을 고민하는 리뷰가 저는 좋습니다.

　《도덕경》은 짧기로 소문난 책입니다. 하지만 단어 하나, 문장 하나에 수천 년 동안 쌓여 온 해석론은 무겁기 이를 데 없습니다. 저에게는 이를 검증할 능력이 없습니다. 정확도를 체크해서 글자 하나에 철학론을 말할 지식이 없습니다. 하지만 할 수 있는 게 있습니다. 문장 하나, 단어 하나를 통해 저 자신의 모습을 돌아보는 것입니다. 물론 이 책을 읽는 누구나 가능하고요.

　어려운 책일수록 편하게 읽으면서, 우리에게 필요한 단어 하나, 문장 하나만 건져도 책을 읽은 보람은 있다고 스스로 위로할 수 있기를 바랍니다. 프리드리히 헤겔, 마르틴 하이데거 그리고 레프 톨스토이도 숙독했다는《도덕경》, 2023년을 살아가는 우리는 나름의 방법으로 해석하고, 리뷰하면 되지 않을까 합니다.

진리는 불변한 것이 아니다

어쩌면 노자가 아니라 이자(李子)여야 하는 것 아닌가 하는 생각이 듭니다. 인문 고전 《사기》의 〈신한노장열전〉편에 따르면, 노자의 본명은 이이, 자는 담이라고 합니다. 즉, 이이 혹은 이담이 노자의 이름이라는 것이죠. 그렇다면 어쩌다가 이씨(李氏)가 되어야 할 사람이 노씨(老氏)가 되어 버린 걸까요. 개명했던 걸까요, 아니면 누군가 그렇게 불러 줬던 걸까요. 궁금합니다.

노자는 춘추 시대의 사상가이자 제자백가의 대표적인 인물로 인정받고 있습니다. 대표 저서인 《도덕경》을 통해 '무위자연'과 '공수신퇴(功遂身退, 공을 이루고 나면 바로 물러나야 한다)' 등을 설파한 사상가로 우리에게도 잘 알려져 있습니다. 이 책의 시작은 이러합니다.

道可道(도가도) 非常道(비상도)

名可名(명가명) 非常名(비상명)

無名天地之始(무명천지지시)

有名萬物之母(유명만물지모)

故常無欲以觀其妙(고상무욕이관기묘)

常有欲以觀其徼(상유욕이관기요)

此兩者 同出而異名(차양자 동출이이명)

同謂之玄 玄之又玄(동위지현 현지우현)

衆妙之門(중묘지문)

모든 문장을 해석하지는 않겠습니다. 단, 처음 두 문장 정도는 한 번 훑고라도 지나가야《도덕경》에 대한 최소한의 예의가 아닐까 합니다. 고증을 하자는 게 아닙니다. 한자 뜻풀이를 샅샅이 할 이유도 없습니다. 다만 동양 철학의 시초라고도 일컫는, 거기에 특히 유명한 《도덕경》의 시작 부분이니 그 뜻 정도는 대략 살펴보자는 겁니다.

첫째, 道可道(도가도) 非常道(비상도).

말장난 같은 이 문장을 아마 노자나《도덕경》을 모르는 사람도 한번쯤은 들어봤을 겁니다. 세 번이나 나오는 '도(道)'를, 저는 윤리적이고 논리적인 의미에서의 도라기보다 '세상과 내가 존재하도록 하는 그 무엇'이라고 해석했습니다. 우주의 기본 원칙쯤이라고 할 수 있겠죠. 그렇다면 도는 도대체 어떤 화두를 우리에게 던지는 걸까요.

우리가 생각하고 말하는 도란 시간과 장소, 상황에 따라 '도'가 아닐 수도 있다는 의미입니다. 진리가 불변하다는 것은 노자가《도덕경》에서 인정하지 않는 명제입니다. 오히려 '불변의 진리'라고 포장된 그 무엇, 일종의 도라는 바로 그것들을 의심해야 한다는 게 노자의 가르침이 아니었을까 추측해 봅니다.

어렵게 생각할 필요 없습니다. 나에게는 진리인 것이, 상대방에게는 그렇지 않을 수 있는 경우를 우리는 흔히 봅니다. 그러니 노자의 말처럼, 지금 우리가 생각하는 도가 다른 시간과 장소에서는 도가 아닐 수도 있는 겁니다. 인간이 처한 상대 세계의 가변성 측면에서 바라봤을 때, 도는 겸손하게 접근해야 하는 그 무엇임을 말하는 듯합니다.

둘째, 名可名(명가명) 非常名(비상명)

'道可道(도가도) 非常道(비상도)'에 이어진 말로서, '도가도 비상도'의 부연 설명으로 저는 해석했습니다. '도라고 하는 이름 그 자체는 지금은 도라고 불릴 수 있을지 몰라도, 다른 시간과 다른 장소에서는 전혀 다른 이름으로 불릴 수 있다.' 그렇습니다. 나는 A를 두고 '참'이라고 하는데 누군가는 A를 두고 '거짓'이라고 하는 경우가 얼마나 많습니까.

무엇인가에 대한 규정, 즉 이름이란 사실 인간이 만든 도구의 일종입니다. 무엇인가를 구분하기 위해서 지은 것이죠. 이름이 없으면

비우고 내려놓을 때 비로소 채울 수 있다

사람도 없습니다. 이름 없는 상태를 우리는 견디지를 못합니다. 하지만 문제가 있습니다. 이름이 생기면서 욕망이 생겨났습니다. 차별이 생겨났고요. 그렇게 나와 남의 구분이 냉정하게 생성됩니다.

어떠신가요. 제가 해석한 두 문장을 어떻게 이해했는지 궁금합니다. 인문 고전이 재미있는 이유는 이렇게 하나의 문장을 두고도 수없이 많은 해석이 가능하다는 점이 아닐까 합니다. 제가 《도덕경》의 처음 두 문장을 이해한 것을 두고 '무슨 소리야? 그건 그렇게 해석해서는 안 될 거 같은데?'라고 했으면 좋겠습니다. 그제야 책은 자신의 것이 될 수 있으니까요.

웃음거리가 되지 않으면 도가 아니다

《도덕경》은 짧습니다. 5,000자 내외의 한자로 구성되어 있죠. 물론 가장 먼저 나와 있는 구절이라면 그게 노자의 의도건, 노자 제자들 의도이건 당연히 가장 중요한 내용일 겁니다. 하지만 짧기 이를 데 없는 《도덕경》이라면 50여 개의 장 모두가 중요하지 않을 수 없습니다. 그래서 저는 '도가도 비상도, 명가명 비사명'을 읽으면서 《도덕경》〈제41장〉의 이야기를 보충합니다.

뛰어난 사람은 도에 대해 들으면 힘써 행하려 하고,

보통 사람은 도에 대해 들으면 정말인지 아닌지 망설이며,

못난 사람은 도에 대해 들으면 비웃습니다.

웃음거리가 되지 않으면 도가 아닙니다.

上士聞道(상사문도) 勤而行之(근이행지) 中士聞道(중사문

도) 若存若亡(약존약망) 下士聞道(하사문도) 大笑之(대소

지) 不笑不足以爲道(불소부족이위도)

'도가도 비상도, 명가명 비상명'을 통해 저는 도라는 것의 실체를
두고 '도는 이것이다!'라면서 악다구니하는 것의 허무함을 느꼈습니
다. 한편으로 세상에서 저를 향해 '이것이 도라니까!'라고 하는 것에
대해 냉정한 판단이 필요함을 알게 되었고요. 그렇다면 도라는 건
필요 없는 것일까요. 아닙니다.

오히려 정반대입니다. 도라는 건 필요한 그 무엇입니다. 다만 세상
이 말하는, 잘못된 도를 그대로 받아들여서는 안 될 뿐입니다. 오히
려 도를 알아차리기 위해, 혹은 내 중심을 찾기 위해서라도 도가 무

비우고 내려놓을 때 비로소 채울 수 있다

엇인지에 대해 찾아 나가야 하는 과정이 필요합니다. 멀리서 찾을 필요도 없습니다. 우리 주위에 얼마든지 있고 또 이미 우리가 갖고 있을 수도 있으니까요.

중요한 건 알아차린 도를 어떻게 다루느냐에 관한 겁니다. 도라는 건 인간의 본성적인 측면에서는 받아들이기 힘든 그 무엇인지도 모릅니다.《도덕경》의 문장처럼 도라는 것을 행하기 힘드니 사람들은 그 도를 두고 받아들이기를 주저하며 또 누군가 실제로 도를 행하면 오히려 비웃기나 하는 것이죠.

"못난 사람은 도에 대해 들으면 비웃습니다. 웃음거리가 되지 않으면 도가 아닙니다"라는 말, 즉 '下士聞道(하사문도) 大笑之(대소지) 不笑不足以爲道(불소부족이위도)'는 도에 대해 정진해야 함을 권고하는 듯합니다. 바르게 살면 바보가 되는 세상, 법을 지키면 오히려 손해 보는 세상…. 하지만 바른 것은 적극적으로 인정하고 받아들여야 합니다. 그래야 좋은 세상이 될 테니까요.

그렇다고 처음부터 도를 행함에 달인이 되려고 애쓸 필요는 없습니다. 그건 우리와 같은 평범한 사람들에게 사실 어려운 일일 테니까요. 하지만 최소한 못난 사람은 아니었으면 합니다. 도를 듣고도 애써 외면하며 비웃는 사람은 아니기를 바란다는 말입니다. 우선 도를 들었을 때 '이거 혹시 도일지도 모르겠다'라고 생각할 정도는 되어야 합니다.

'中士聞道(중사문도) 若存若亡(약존약망)', 즉 고만고만한 사람들은 도를 들으면 때로는 간직하고 때로는 잊어버립니다. 괜찮습니다. 당연합니다. 도를 들은 것 자체로도 훌륭합니다. 들을 줄 안다는 것만으로도 박수를 받을 만한 일이죠. 듣게 된 도를 그저 우리 곁에 두면 됩니다. 그저 때때로 '아! 그런 게 도였지?'라고 생각할 정도만 되어도 좋습니다.

여기에서 살짝 욕심을 내 봅니다. '뛰어난 사람은 도에 대해 들으면 힘써 행하려 하는' 즉, '上士聞道(상사문도) 勤而行之(근이행지)'의 태도를 지녀야 하니, 이를 일상에서 조금씩 실천했으면 합니다. 그때 우리는 노자가 말하는 '도'에 그 누구보다도 잘 접근하는 사람이 될 테니까요.

사랑이란 상대방이 좋아하는 것을 아는 것입니다. 사랑한다는 건 상대방이 좋아하는 것을 해 주는 것이고요. 도 역시 마찬가지 아닐까요. 도란 세상의 이치를 아는 것이고, 도를 행하는 것은 세상의 이치를 우리의 시간과 공간에서 적용하는 것이니까요. 사랑도 하고, 도도 깨우치는 우리가 되기를 희망해 봅니다.

●

움켜쥐고 놓지 않으려 하다가
통째로 잃는다

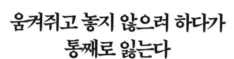

일이 이루어졌다면 물러서는 것, 그것이 바로 하늘의 '도'다

功遂身退 天之道
공수신퇴 천지도

넘치도록 가득 채우려는 것은 적당할 때 멈추는 것만 못합니다.

지나치게 날카롭게 갈게 되면 오래 보존할 수가 없습니다.

금과 옥이 집에 가득하면 이를 지키기가 어렵습니다.

부귀와 명예는 스스로 허물을 남기게 합니다.

공을 세웠으면 물러나는 것, 그것이 하늘의 도입니다.

持而盈之(지이영지) 不如其已(불여기이) 揣而梲之(추이예

지) 不可長保(불가장보) 金玉滿堂(금옥만당) 莫之能守(막

지능수) 富貴而驕(부귀이교) 自遺其咎(자유기구) 功遂身退

(공수신퇴) 天之道(천지도)

—《도덕경》,〈제9장〉중에서

드라마 〈카지노〉에서 극중 '양정팔'이 자신의 보스 '차무식'에게
차 안에서 "권무십일홍, 아세요?"라고 말하는 장면이 있습니다. 이를
들은 차무식은 잠시 어이없이 바라보더니 '화무십일홍'이라고 정정
해 줍니다. 그래서일까요. 실시간 검색어에 '화무십일홍'의 뜻을 묻
는 경우가 많았다고 합니다. 드라마 자체의 내용은 둘째치고라도 화
무십일홍이라는 단어 그 자체는 알아 둘 만하니 좋은 현상이라고 생
각합니다.

'화무십일홍(花無十日紅)'은 꽃 화, 없을 무, 열 십, 날 일, 붉을 홍의
글자로 구성되어 있습니다. '열흘 동안 붉은 꽃은 없다'라고 해석하
는데, 쉽게 말해 한번 성한 것은 얼마 못 가서 반드시 쇠하게 됨을
비유적으로 이르는 말입니다. 흐드러지게 피던 벚꽃이 며칠 만에 바
닥에 가득 떨어진 것을 보는 우리에게는 이루어 낸 그 무엇의 무상
함을 표현하는 말로 이해됩니다.

●

비우고 내려놓을 때 비로소 채울 수 있다

인생의 정점에 서서 내려갈 길을 바라보다

생각해 보면 젊음은 찰나인 것 같습니다. 열여덟, 스무 살이었던 때가 어제 같은데 훌쩍 서른과 마흔을 지나 오십을 만나고 나니 더욱 그러합니다. 한때는 흥하고 화려했던 순간도 분명히 있었습니다. 하지만 지금 생각해 보면 바로 그때가 내리막의 시작이었음을 이제야 비로소 깨닫습니다. 영원한 왕좌(왕의 자리)는 없으며 외형의 화려함역시 오래가지 못한다는 걸 그때는 잘 몰랐습니다.

하지만 지금 화무십일홍을 지적으로 알아챘다고 해도 그것을 일상에서 받아들이기 쉬울까요. 절대 아닙니다. 저는 여전히 화무십일홍을 꿈꾸며 살아가고 있으니까요. 화무십일홍과 비슷한 말이 노자의 《도덕경》에도 있습니다.

功遂身退(공수신퇴) 天之道(천지도)

직역하면 공을 이룬 후에는 바로 물러나야 한다는 뜻입니다. 업적을 세우고 나면 그 자리에서 물러나는 것, 말은 쉽습니다. 화무십일홍의 뜻을 알아도, 공을 세운 후 오히려 그곳을 떠난다는 건 속된 말로 '넘사벽'의 그 무엇입니다. 오히려 우리는 공을 세우면 더 많은 공을 이루고 싶고 이룬 것을 바탕으로 더 큰 이익을 얻으려고 하는 경우가 대부분입니다.

그래서일까요. 노자는 《도덕경》에서 이를 경계했던 것 같습니다. 자기가 할 일을 했으면, 더 잘할 수 있는 누군가에게 물려주고 물러나라고 말입니다. 현재 가지고 있는 것에 만족하고 더 많은 것에 욕심을 부리지 말라는 깨달음을 주려고 했던 겁니다. 하늘이 생각하는 도라는 것은 겨울이 가야 봄이 오듯 물러남이 있을 때 비로소 들어옴이 있음을 말하려 했던 것이죠.

참고로 노자는 주나라의 한 도서관의 관장이었다고 합니다. 그런데 어느 날 도서관장 자리에서 쫓겨나게 되었죠. 어느 곳이건 임기(任期)가 있기 마련이고, 하물며 죽기도 합니다. 인생이 이와 같음에도 우리는 돈에 집착하고 명예를 추구하면서 하루하루를 고통 속에서 살아가고 있습니다. 자발적 환자가 되어 버리는 것이죠.

후진국일수록 노인의 지혜가 필요하기에 어린아이의 죽음보다 노인의 죽음을 슬퍼한다고 합니다. 선진국이 되면 어른의 지혜보다 미래의 희망이 중요하기 때문에, 노인의 죽음보다 아이의 죽음을 더 슬퍼하고요. 생각해 보니 그렇습니다. 우리 역시 아이들이 사건과 사고로 희생되면 그 아이가 단 한 명이라도 온 국민이 함께 슬퍼합니다.

비우고 내려놓을 때 비로소 채울 수 있다

선진국에서 젊은 세대를 더 보호하려는 이유는 나이가 들수록 잘못된 관념을 갖기가 쉽기 때문입니다. 우리가 무엇인가를 선택할 때는 무작정 믿기보다는 의문부터 가져야 합니다. 만약 잘못된 선택을 하고 있다면, 아무리 공을 세웠고 업적을 이뤘다고 해도 그 자리와 그 위치에서 스스로 내려와야 합니다.

아, 물론 박수받을 때 무작정 떠나라는 것은 아닙니다. 모 코미디언이 한 방송사의 공로상을 받으면서 말한 소감이 화제가 되었습니다.

"많은 분이 이야기합니다. 박수 칠 때 떠나라. 정신 나간 놈입니다. 박수를 받는데 도대체 왜 떠납니까? 한 사람이라도 박수를 보내지 않을 때까지 활동할 겁니다!"

이 말도 공감은 갑니다. 다만 정상에 섰을 때 아래를 내려다보는 마음, 그것만큼은 분명히 갖고 있어야 하겠습니다.

◈

움켜쥐고 놓지 않으려 하다가 통째로 잃는다

'功遂身退(공수신퇴) 天之道(천지도)' 멋진 말이죠. 궁금합니다. 이 말의 앞뒤에는 어떤 이야기들이 있을까요. 한번 살펴봅시다.

持而盈之(지이영지) 不如其已(불여기이)

揣而梲之(추이예지) 不可長保(불가장보)

金玉滿堂(금옥만당) 莫之能守(막지능수)

富貴而驕(부귀이교) 自遺其咎(자유기구)

功遂身退(공수신퇴) 天之道(천지도)

이제 하나씩 뜻을 살피도록 하겠습니다.

첫째, '持而盈之(지이영지) 不如其已(불여기이)'는 넘치도록 가득 채우려는 것은 적당할 때 멈추는 것만 못함을 의미합니다. 이미 손에 쥐고 있음에도 무언가를 채우려 하는 건 두 마리 토끼를 잡으려다 한 마리도 못 잡고 다 놓치는 경우라는 말이 되겠습니다.

둘째, '揣而梲之(추이예지) 不可長保(불가장보)'는 지나치게 날카롭게 갈면 오래 보존할 수 없음을 말합니다. 우리의 선택이 잘못되었음에도 그것을 인지하지 못한 채 계속 벼리고 벼려 봐야 남는 건 해로움뿐인 것이죠. 잘못된 길은 가지 말아야 합니다. 하지만 모르고 잘못된 길을 선택했다면, 아무리 먼 길이라도 빨리 되돌아와야 합니다. 계속 날카롭게 다듬으려 하지 말고요.

셋째, '金玉滿堂(금옥만당) 莫之能守(막지능수)'는 금과 옥이 집에 가득하면 이를 지키기가 어려움을 말합니다. 집에 금과 은을 가득 쌓아 두면 누군가는 그걸 알아챕니다. 그때부터 우리의 잠자리는 과연 편할 수 있을까요. 온갖 노력을 해서 귀중한 것을 쌓아 뒀지만 결국 그 이후 우리는 그것들을 지키는 일밖에 할 수 없게 됩니다.

넷째, '富貴而驕(부귀이교) 自遺其咎(자유기구)'는 부귀와 명예가 우리에게 허물을 남긴다는 뜻입니다. 물론 재산이 많고 지위가 높다고 반드시 교만해지는 것은 아닙니다. 다만 재물은 인간의 욕망을 충족시키는 힘이기에 재산이 많고 지위가 높으면 모든 사람이 부러워하게 되며 이는 명예로 연결됩니다. 명예가 쌓이면 겸손은 사라지고 건방만 남으며 이는 파멸의 씨앗이 됩니다.

그리고 다섯 번째가 바로 '功遂身退(공수신퇴) 天之道(천지도)'입니다. 마치 네 가지를 하나의 문장으로 요약하는 이야기인 것 같습니다. 물러날 때와 장소가 있음에도 이를 구분하지 못하는 우리 인간의 어리석음…. 노자의 충고를 받아들여야 합니다. 일정한 만족을 얻으면 즉시 그만두어야 후환이 없음을 말이죠.

어리석은 인간은 움켜쥐고 놓지 않으려 하니 가진 것을 송두리째 잃을 수밖에 없습니다. 이미 부귀나 재물, 명예를 갖고 있다면, 갖고 있다는 사실 자체를 잊어버리는 게 좋습니다. 대단한 업적을 쌓았다면 그 업적이 기억나지 않도록 처신하는 것, 그것이 바로 노자가 우리에게 조언하고자 하는 점입니다.

말하는 자는 알지 못하고,
아는 자는 말이 없다

최고의 지도자는 사람들이 그가 있음을 알지 못한다

太上 不知有之
태상 부지유지

가장 훌륭한 지도자는 사람들에게

그 존재 정도만 알려진 지도자입니다.

다음은 사람들이 가까이 두면서 칭찬하는 지도자이고

다음은 사람들이 두려워하는 지도자입니다.

사람들의 업신여김을 받는 지도자, 그가 최악입니다.

(지도자에 대한) 믿음이 부족하면 (사람들의) 불신이 따릅니다.

비우고 내려놓을 때 비로소 채울 수 있다

(훌륭한 지도자는) 말을 삼가고 아끼며 할 일을 할 뿐입니다.

모든 것이 잘 이루어지면 그때 사람들은 이렇게 말합니다.

"이 모든 것은 저절로 이루어진 것이야!"

太上(태상) 不知有之(부지유지) 其次(기차) 親而譽之(친이
예지) 其次(기차) 畏之(외지) 其次(기차) 侮之(모지) 信不足
焉(신부족언) 有不信焉(유불신언) 悠兮其貴言(유혜기귀언)
功成事遂(공성사수) 百姓皆謂我自然(백성개위아자연)

—《도덕경》,〈제17장〉중에서

리더십은 리더 자신과 조직에 모두 중요한 덕목입니다. 수많은 교
육과 훈련이 이루어지고 실제 현장에서 검증되면서 리더십은 완성
됩니다. 리더십에 대해 이론적 연구 결과를 이야기하려는 게 아닙니
다. 단지《도덕경》의 이야기를 듣기 전에 리더십이란 무엇인지 생각
해 보자는 겁니다.

한 경제 전문지에서 리더십에는 '3UP'이 필요하다는 기사를 보게
되었습니다. 전 세계가 지금껏 경험해 보지 못한 불확실성에 휩싸인
이때 과연 리더십은 어떠해야만 하느냐에 관한 이야기였습니다. 조
직도, 개인도 생존 그 자체가 힘든 시기이기에, 성장과 발전을 말하

기에 앞서 생존의 위협에 대한 방어가 우선이기에 당연히 여러모로 리더십을 살피려는 노력 중 하나였습니다. 이렇게요.

삶이 지속되어야 하듯 조직도 살아남아야 한다. 그 역할을 누군가는 해야 한다. 누가 해야 할까? 리더일 것이다. 따라서 무늬만 리더가 아닌 진정한 리더의 가치를 지금 보여 주어야 한다. 그렇다면 현재의 위기를 극복하려면 리더는 무엇에 집중해야 할까?

요즘 우리가 반드시 고민해야 할 화두였습니다. 그에 대한 답이 '3UP'이었는데 그 내용은 요약하면 다음과 같았습니다.

첫째, 마인드 업(Mind Up). 리더가 먼저 강해져야 한다는 것이었습니다. 중심을 잡아야 한다는 것이죠. 집안에 위기가 닥치면 가장은 강해집니다. 목숨을 걸고 가족을 지켜야 하기 때문이죠. 조직도 마찬가지입니다. 위기가 닥치면 리더가 먼저 강해져야 합니다. 조직을 지키고 구성원을 보호해야 하기 때문입니다. 그것이 리더의 사명이고 운명이므로 리더 먼저 제대로 된 마인드를 갖춰야 합니다.

둘째, 스킬 업(Skill Up). 조직의 보유 역량에 집중하고 끊임없이 학습하라는 것이었습니다. 위기는 각오만 한다고 극복되는 것이 아닙니다. 위기에는 조직의 보유 역량을 가장 먼저 파악하고 점검해야

비우고 내려놓을 때 비로소 채울 수 있다

하며 경쟁자로부터 자신의 조직을 지킬 수 있는 효과적인 무기를 선택할 줄 알아야 합니다. 뒷북만 쳐서는 미래의 변화를 따라갈 수 없기 때문입니다.

마지막으로, 초이스 업(Choice Up). 과거의 성공을 잊고 미래를 예측하며 대비하라는 말이었습니다. 옆을 보지 말고 앞을 봐야 한다는 것이죠. 과거의 성공 경험 혹은 남들의 성공 모델은 이제 의미가 없습니다. 미래의 먹거리, 미래의 고객, 미래의 경쟁자, 미래의 내부 결속, 미래의 인재를 리더는 고민해야 한다는 것이었습니다.

어떤가요? 모두 한 조직의 리더가 반드시 갖추어야 할 덕목이라고 생각되지 않으신지요.

∞

훌륭한 지도자는 존재 자체가 흐릿한 사람

그런데 저는 이와는 조금 다른 3UP에 대해 예전에 모시던 임원에게 듣게 된 적이 있습니다. 그분의 말씀은 이러했습니다.

"나이가 들수록, 지위가 오를수록, 더군다나 리더라면 반드시 알고 또 갖춰야 할 3가지가 있습니다. 첫 번째는 드레스 업(Dress Up)입니다. 옷을 잘 입어야 합니다. 정확히는 자신의 몸가짐을 잘 보살펴야 한다는 것이죠. 두 번째는 페이 업(Pay Up)입니다. 나이가 들수록, 리더일수록 조금이라도 더 자기의 지갑을 열 수 있어야 하는 거죠. 마지막, 이게 제일 어렵습니다. 뭔지 추측이 가나요? 바로 셧 업(Shut Up)입니다."

말 그대로 '빵' 터졌습니다. 리더가 가장 갖추기 어려운 덕목이 '셧 업'이라니. 그게 그렇게 어려운가 하는 생각이 드는 것도 잠시, 곧 '그렇겠구나!' 하고 긍정하게 되었습니다. 조직 구성원 앞에서 자신의 잘난 행적을 공개하지 못해서 안달이 난 리더들, 주변이나 회사 그리고 심지어는 국가에서도 자주 봤을 겁니다.

수천 년 전 노자의 시대도 비슷했나 봅니다.

太上(태상) 不知有之(부지유지)

其次(기차) 親而譽之(친이예지)

其次(기차) 畏之(외지)

其次(기차) 侮之(모지)

비우고 내려놓을 때 비로소 채울 수 있다

겸손이라곤 모르는 누군가를 향한 말인 것 같지 않은가요. 정말 훌륭한 지도자는 존재 자체도 흐릿한 사람이라는 것, 훌륭하지는 못해도 두 번째로 괜찮은 지도자는 그래도 사람들이 다가서려고 하는 사람이라는 것, 어떤가요. 이 둘 중 하나라도 속한다고 생각하는지요. 그렇다면 직장 생활, 사회생활 잘하신 분입니다.

하지만 대부분 리더나 강자는 그렇게 하지 않습니다. 오히려 사람들을 억압하고 통제하며 권위주의를 내세우면서 소통을 포기하고 있습니다. 하지만 이런 리더는 잘해야 3등짜리 지도자입니다. 이마저도 제대로 하지 못하는 리더라면 팔로워로부터 업신여김이나 받지 않으면 다행입니다.

노자의 말을 조금 더 들어 봅니다.

> "(지도자에 대한) 믿음이 부족하면 (사람들의) 불신이 따릅니다. (훌륭한 지도자는) 말을 삼가고 아끼며 자기 할 일을 할 뿐입니다. 모든 것이 잘 이루어지면 그때 사람들은 이렇게 말합니다. '이 모든 것은 저절로 이루어진 것이야!'"

이 역시 멋진 말입니다. 결론도 상쾌하고요. 훌륭한 지도자, 멋진 리더일수록 셧 업에 익숙합니다. 심지어 자기가 이룬 일이라고 해도 말을 삼가고 아낍니다. 그뿐인가요. 모든 것이 다 잘되더라도, 또 이를 두고 백성들이 '우리가 잘해서 된 거야!'라고 생각해도 리더는 그저 빙그레 미소만 지을 수 있는 사람이라는 걸 노자는 알려 주고 있습니다.

일을 많이 벌이면 근심도 커진다

"가장 훌륭한 지도자는 사람들에게 그 존재 정도만 알려진 지도자"라는 노자의 말과 관련해 이야기를 좀 더 나누어 보고자 합니다.

불과 몇 년 전의 일입니다. 한 대학가의 카페에서 이런 공지를 문에 내걸었던 게 화제가 된 적이 있습니다. 그 내용은 이러했습니다.

< No Professor Zone >

대단히 죄송합니다.

다른 손님들의 편안한 이용을 위해 ○○대학교 정규직 교수님들은 출입을 삼가주시길 부탁드립니다. 혹시 입장하신다

비우고 내려놓을 때 비로소 채울 수 있다

면 절대 스스로, 큰소리로 신분을 밝히지 않으시길 부탁드립니다.

개인적으로는 '노 ○○존(No ○○ Zone)'라는 걸 참 싫어합니다. 인터넷 카페도 마찬가지입니다. 관심사가 있어서 가입하려고 해도 나이를 제한해 놓은 곳을 보면 괜히 짜증이 납니다. 나와 다른 타인을 차별함에 그치지 않고 적극적으로 배제하는 것에 모욕감마저 듭니다. 그러니 '노 ○○존' 같은 안내가 붙어 있다면 그 대상이 되는 분들은 얼마나 불쾌할까요.

하지만 카페 주인이 붙여 놨다는 공지문을 보면서 저도 모르게 고개를 끄덕일 수밖에 없었습니다. 오죽하면 주인이 이런 공지를 대놓고 했는지가 눈에 보이는 것 같았기 때문입니다. 분명히 매장의 매출 일부를 책임지는 분들을 배제하는 어려운 결정이었을 텐데도, 그 이유가 공지문에서 절실하게 느껴집니다. 카페 주인의 의도는 이런 게 아니었을까 합니다.

첫째, 평범한 손님들에게, 특히 대학가였으니 대학생이나 대학원생의 편안함을 주고 싶다.

둘째, 그런데 아무래도 교수님들이 오시면 불편한 마음에 학생들이 출입을 주저할 수 있다.

셋째, 과제물 등을 하는 학생들에게 교수님들의 큰 목소리와 신분 밝힘은 짜증의 이유가 된다.

카페 주인은 이 공지문을 올린 후 얼마 되지 않아서 해당 대학 교수님들의 항의를 받고 떼어 냈다고 합니다. 떼어 낸 후 카페 주인은 언론사와의 인터뷰에서 이렇게 말을 합니다.

> '노(No) 교수존'을 내걸어 화제가 된 황모씨(34)는 ○○ 대학가에서 카페 겸 술집을 운영한다. 황씨는 "취지가 '교수 절대 출입 금지'는 아니었다"라며 "자신이 교수라며 신분을 밝히며 행패 부린 손님이 3명 정도 있어 서로 조심해달라는 의미로 쓴 것"이라 말했다.
>
> (출처: 머니투데이, 2021년 12월 10일)

그의 말에 따르면 모든 교수에게 무작정 오지 말라고 한 것은 아니었고, 그 역시 노 교수존이 혐오나 차별 소지가 있다는 걸 인정했습니다. 다만 개인사업자로서 정한 규칙과 예의를 손님들이 따라 줬으면 하는 마음에 그렇게 공지를 했다는 것이었습니다. 일부의 사례

비우고 내려놓을 때 비로소 채울 수 있다

를 합리적 이유 없이 일반화한 차별임을 그 역시 잘 알고 있었습니다.

하지만 그의 답답함만큼은 조금 이해됩니다. '노 키즈존'이 조용한 휴식을 원하는 소비자와 어린 자녀와 휴식하겠다는 소비자 간 권리가 부딪힌 것처럼, 노 교수존도 다른 집단에 속한 소비자 간의 욕구가 충돌한 것이며, 이때 카페 주인은 자기 나름의 핵심 고객에 대한 보호의 의미에서 그러했으리라고 생각합니다.

저는 이 해프닝을 보면서 노자의 《도덕경》 중 〈제17장〉의 '太上(태상) 不知有之(부지유지)'를 머리에 떠올렸습니다. '최고의 지도자는 사람들이 그가 있음을 알지 못한다'라는 말입니다.

이쯤에서 혹시 제가 그 카페 주인이었다면 원색적인 노 교수존을 공지로 붙이는 것보다 '태상 부지유지'를 대신 걸어두지 않았을까 하는 생각을 해 봅니다.

우리나라도 언젠가 도대체 통치자가 있는지 없는지를 모르면서도, 살아가는 데 아무런 문제가 없고 편안한 때가 오면 좋겠습니다. 국민은 태평성대를 누리지만 정작 통치자가 누구인지는 신경 써서 알려고도, 또 알게 되지도 않을 정도로 말이죠. 곧 가능해지겠죠? 그러리라 믿고 싶습니다.

노자의 말을 오로지 정치 혹은 행정의 리더만 알아야 할까요. 아닙니다. 우리 역시 마찬가지입니다. 나이가 들고, 지위가 높아진다면 누구에게나 바라보는 사람들이 생기는데, 내가 있는지 없는지 모를 정도로 살아갈 수 있기를 바라야 합니다. 그게 노자의 가르침일 것이고요. 여기에서 하나의 문장을 더 살펴볼까 합니다.

아는 사람은 말하지 않습니다.
말하는 사람은 알지 못하는 겁니다.

《도덕경》의 〈제56장〉에 나오는 말, '知者不言(지자불언) 言者不知(언자부지)'도 함께 마음에 새겨 두었으면 합니다. '지혜로운 사람은 말수가 적고, 말 많은 자는 지혜가 부족하다'라는 뜻 말입니다. 특히 과거와 달리 갑(甲)의 잘못은 실시간으로 퍼져, 갑은 물론 갑이 속한 조직에 큰 오점을 남기게 되기에 더욱 주의해야 할 내용입니다.

요즘은 스마트폰 하나만 있어도 녹취나 동영상 촬영 등이 자유자재로 이뤄져 개인 보호라는 방패막이 사실상 사라진 '무한 노출 시대'라는 점도 말과 행동을 조심해야 할 이유가 됩니다. 세상이 변했는데 여전히 자신을 스스로 '절대 갑'이라고 생각하다가, 그것이 상대방에게 횡포로 비추어지면 오히려 모든 것을 잃을 수도 있음을 경계해야 합니다.

비우고 내려놓을 때 비로소 채울 수 있다

행동도 그렇지만 말도 그러할 겁니다. 그래서일까요.《도덕경》에는 말을 조심하라는 구절이 여기저기에 산재해 있습니다. '行不言之敎(행불언지교, 말하지 않는 가르침을 행하라)', '多言數窮(다언삭궁, 말이 많으면 곤궁에 빠지기 쉽다)', '希言自然(희언자연, 말을 적게 하는 것이 자연이다)', '不言之敎(불언지교, 말없는 가르침)', '美言不信(미언불신, 아름다운 말은 믿음이 없다)' 등이 그것이죠.

말을 조심해야 합니다. 말을 많이 하면 실수하는 일이 많습니다. 오직 말뿐이 아닙니다. 일도 그러합니다. 일을 많이 벌이면 근심이 많은 법이니까요.

'말하는 자는 알지 못하고 아는 자는 말이 없다'라는《도덕경》의 화두를 다시 한번 되새기면 좋겠습니다.

부를 다루는 태도가
부자를 만든다

성인은 쌓아 두는 법이 없다

聖人不積
성인부적

성인은 소유하지 않습니다.

사람들을 돕는데도 오히려 더 갖게 되고,

사람들에게 나눠줄 뿐인데 더욱 많은 것을 얻습니다.

聖人不積(성인부적) 旣以爲人(기이위인) 己愈有(기유유)

旣以與人(기이여인) 己愈多(기유다)

비우고 내려놓을 때 비로소 채울 수 있다

제가 선생님으로 모시는 한 작가님이 계십니다. 수십 여 권의 책을 출간한 분이십니다. 지금이야 좋은 책을 많이 펴내신 분으로 출판사의 원고 요청에 시달릴 정도이지만, 처음 책을 쓸 때만 해도 책 한 권을 출간하는 게 그렇게 어려울 수가 없었답니다. 어찌하여 출판사와 계약을 했는데 원고를 쓰는 건 더욱 어려웠고요.

그때 이분께서 선택한 건 집에서 하던 원고 작업을 그만두고 자신만의 작업실을 구한 것이었습니다. 오로지 글을 쓰기 위한 공간으로, 일부러 집에서 다소 떨어진 곳에다 작업실을 잡았답니다. 당시에는 글을 쓰기 위해 하던 일을 그만둔 터라 경제적으로도 힘들었다고 합니다. 하지만 원고를 잘 쓰기 위해서 나름대로 괜찮은 장소에 작업실을 구하게 되었습니다. 그때 그분의 생각은 이러했다고 합니다.

'월세를 내기 위해서라도 책을 열심히 써야 해!'

전략은 적중했습니다. 월세를 내기 위해서라도 악착같이 글을 썼고, 글을 쓰다 보니 출판사에 정해진 기일 내에 원고를 납품할 수 있었고, 그러다 보니 다시 원고 제안을 받아 글을 쓰게 되고…. 모아둔 돈을 그대로 묵히지 않고 쓴 결과가 오히려 자신의 경제적 생활에

도움이 되는 방향으로 일이 진행된 것이었습니다. 쌓아 두지 않았던 것, 이분의 시작은 그랬습니다.

쌓아 두기만 하면 썩기 마련이다

'부자 아빠'로 유명한 작가가 있습니다. 그는 부의 축적 비결을 현금을 그대로 두지 않고 적절한 곳에 투자하는 것에 있다고 했습니다. 쌓아 두면 결국 그만큼 마이너스가 된다는 것. 물론 어디에 돈을 배분할 것인가의 문제가 있기는 하지만, 생각해 보면 세상 대부분의 부자는 일정 수준 돈이 모이면 그것을 쌓아 두고만 있지는 않았습니다.

그렇다면 부자 어른, 부자 리더가 되려면 어떻게 해야 한다는 것일까요. 쌓아 두고 넘치는 것을 누군가에게 줄 수 있어야 한다는 것입니다. 노자 역시 마찬가지로 생각했습니다.《도덕경》에서는 나눔을 모른 채 오로지 자신만을 위해 모으는 사람을 통렬하게 비판합니다.

조정(朝廷)은 잘 정돈되어 있지만,

논밭은 황폐하고, 곳간은 텅텅 비어 있습니다.

비우고 내려놓을 때 비로소 채울 수 있다

(하지만) 관리들은 화려한 옷을 입고, 날카로운 칼을 차고,

지겨울 정도로 먹고 마시며 재물이 남아도는데

이를 자랑이라고 합니다.

이것은 도가 아닙니다.

朝甚除(조심제) 田甚蕪(전심무) 倉甚虛(창심허) 服文綵(복

문채) 帶利劍(대리검) 厭飮食(염음식) 財貨有餘(재화유여)

是謂盜夸(시위도과) 非道也哉(비도야재)

쌓아 두기만 하고 나눌 줄 모르는 권력자의 모습, 혐오스럽지 않
은지요. 백성은 하루하루 먹고사는 데 허덕이는데, 백성을 잘 돌보라
고 둔 사람들은 질리도록 먹고 마시면서 오히려 그것을 자랑합니다.
너무 많이 먹고 마셔서 오히려 그것에 질려 버린 관리들, 그들이 더
질리지 않나요.

이것은 도가 아닌 악이라고 노자는 말합니다. 도를 조금이라도 아
는 사람이라면 이럴 수가 없는 겁니다. 수천 년 전의 이야기라고요.
지금 우리 주변의 모습은 어떠한가요. 더하면 더했지, 덜하지는 않지
않나요. 윗물이 맑아야 아랫물도 맑을 텐데, 개혁이니 개조니, 부정
부패 적폐니 하면서 뒤로는 불법 그리고 편법을 일삼는 사람들이 너

무나 많습니다.

권력층의 탐욕과 비리 그리고 그에 따른 백성의 고통에 대한 노자의 통찰력은 수천 년을 훌쩍 넘어서도 여전히, 아니 오히려 더 빛을 발하는 것 아닌가 합니다. 안타깝게도 말이죠.

쥐고 있으면 가질 수 없다

그렇다고 해서 노자가 세상과 사람에 대한 기대를 완전히 저버린 것은 아닙니다. 그는 더 나은 세상을 그 누구보다도 간절히 기대했던 듯합니다. 노자는 누군가가 자신의 노력으로 성공하고, 부를 이루는 걸 무작정 경멸하지 않았습니다. 오히려 그 반대입니다. 업적이나 재물을 축적할 수 있다고 봅니다. 문제는 그것을 어떻게 쓰느냐가 관건이었습니다.

그러기에 노자는 쌓인 부, 쌓인 지식과 지혜를 어떻게 다루어야 하는지를 이야기합니다.

성인은 소유하지 않습니다.

비우고 내려놓을 때 비로소 채울 수 있다

사람들을 돕는데도 오히려 더 갖게 되고,

사람들에게 나눠줄 뿐인데 더욱 많은 것을 얻습니다.

聖人不積(성인부적) 旣以爲人(기이위인) 己愈有(기유유)

旣以與人(기이여인) 己愈多(기유다)

　노자의 말에서 부자가 되는 방법을, 더 나은 사람으로 인정받는
방법을 한 수 배웁니다. 부자가 되고 싶다면, 누군가의 존경을 받고
싶다면, 먼저 자신이 힘껏 노력해서 돈을 벌고, 또 지혜와 지식을 축
적합니다. 그런 다음 돕고 나누면 됩니다. 그러면 오히려 더 부자가
됩니다. 더 많은 것을 갖게 되고요.

　사람은 누구나 두 손을 가지고 있는데 이때 두 손에 물건을 모두
쥐고 있으면 더 좋은 것을 가질 수 없습니다. 자기 손에 가진 것을
남에게 줄 수 있어야 합니다. 노자가 말하는 성인이 되는 법이란 이
런 것이 아닐까 합니다. 자기 몫을 쌓는 것에 몰두하지 말 것, 쌓아
두었다면 남을 도울 것. 두 손에 쥔 것 중 하나를 놓으면 더 나은 하
나를, 더 많이 갖게 됩니다.

　참고로 '己愈有(기유유)' 혹은 '己愈多(기유다)'에 나오는 글자인 '유
(愈)'는 몸의 곪은 부분에서 피고름을 제거한 뒤의 개운함을 뜻하는

글자라고 합니다. 돈이 쌓이면, 지식이 축적되면 그리고 축적된 그것이 오로지 자기 자신만을 위해 사용된다면 노자는 이를 '곪았다'고 규정한 것 아닌가 싶습니다.

나이가 들어갑니다. 지위가 올라갑니다. 그럴수록 베풂과 나눔이 필요합니다. 지나친 탐욕과 이기심을 경계해야 하며 남을 위해 아낌없이 내놓는 이타적인 행동에 조금씩 익숙해져야 합니다. 그것이 바로 자연의 섭리와 진리, 이름하여 도에 부합하는 참다운 삶일 것입니다.

살아갈 날들을 위해 새겨야 할 고전 한 줄 필사

學不可以已

학불가이이

학문은 하지 않을 수가 없는 것이다

福莫長於無禍

복막장어무화

화를 입지 않는 것보다 더 큰 복은 없다

故君子居必擇鄉

고군자거필택향

그러므로 군자는 사는 데 반드시 좋은 곳을 선택해야 한다

上不能好其人

상불능호기인

不免爲陋儒而已

불면위누유이이

**위로 어진 스승을 좋아하지 아니하면서
어찌 비루한 신세를 면할 수가 있겠는가?**

色從而後可與言道之致

색종이후가여언도지치

얼굴빛이 부드러운 뒤에야 비로소 도의 극치를 논할 수 있다

不爲也 非不能也

불위야 비불능야

하지 않는 것이지 하지 못하는 게 아니다

無惻隱之心 非人也

무측은지심 비인야

측은하게 여기는 마음이 없다면 사람이 아니다

人有不爲也而後

인유불위야이후

可以有爲

가이유위

하지 않음이 있어야 비로소 무엇인가 할 수 있다

父子之間 不責善

부자지간 불책선

아버지가 아들을 향해 선을 행하라고 질책해선 안 된다

貴貴尊賢 其義一也

귀귀존현 기의일야

**귀한 사람을 귀하게 여기고 현명한 사람을 존중하는 것은
그 뜻이 같다**

更也 人皆仰之

경야 인개앙지

고치면 남들이 모두 우러러본다

年四十而見惡焉

연사십이견오언

其終也已

기종야이

나이 마흔에 다른 사람의 미움을 받는다면 끝장이다

見得思義

견득사의

이익을 보게 되면 먼저 과연 이것이 옳은가를 생각하라

吳與點也

오여점야

나도 네 뜻과 같다

好知不好學

호지불호학

其蔽也蕩

기폐야탕

지혜를 좋아한다면서 호학하지 아니하면
그 폐단은 허황됨으로 나타날 뿐이다

未聞爲其所欲

미문위기소욕

而能免其所惡者也

이능면기소악자야

자신이 좋아하는 일만 하면서
자신이 싫어하는 결과를 피했다는 이야기를 들어 본 적이 없다

當察亂何自起

당찰난하자기

起不相愛

기부상애

일찍이 혼란이 어디에서 일어나게 되었는지를 살펴보니
서로 사랑하지 않음에서 비롯되었더라

鏡于水 見面之容

경우수 견면지용

鏡於人 則知吉與凶

경우인 즉지길여흉

물에다 자신을 비추면 얼굴 모습을 보게 되고
사람에다 자신을 비추면 길과 흉을 알게 된다

利之中取大

이지중취대

이로움 가운데에서 큰 것을 취할 것

何得於景與響哉

하득우경여향재

그림자와 메아리로부터 도대체 무엇을 얻고자 하는가

道可道 非常道,

도가도 비상도

名可名 非常名

명가명 비상명

도라고 할 수 있는 도는 영원한 도가 아니다
이름 지을 수 있는 이름은 영원한 이름이 아니다

功遂身退 天之道

공수신퇴 천지도

일이 이루어졌다면 물러서는 것, 그것이 바로 하늘의 '도'다

太上 不知有之

태상 부지유지

최고의 지도자는 사람들이 그가 있음을 알지 못한다

聖人不積

성인부적

성인은 쌓아 두는 법이 없다

아직 늦지 않았을 오십에게 천년의 철학자들이 전하는 고전 수업

살아갈 날들을 위한 공부

초판 1쇄 인쇄 2023년 8월 23일
초판 1쇄 발행 2023년 8월 30일

지은이 김범준
펴낸이 이경희

펴낸곳 빅피시
출판등록 2021년 4월 6일 제2021-000115호
주소 서울시 마포구 월드컵북로 402, KGIT 16층 1601-1호

ⓒ 김범준, 2023
ISBN 979-11-93128-09-1 03150